김명기의 I.M.English에 오신 것을 진심으로 환영합니다.

지금부터 나오는 I.M.English 즉 이미지 메이킹 영어 학습법은 기존의 영어 학습법을 일순간에 무너뜨린 획기적인 방법입니다. 이 책의 저자인 김명기 님도 이 방법으로 네이티브 스피커 못지 않은 영어 실력을 갖추게 되었다고 합니다.

만일 지금부터 나오는 이미지 메이킹 학습법으로도 영어 실력이 늘지 않는다면, 죄송한 말이지만 영어를 포기하시는 게 좋을 듯합니다. 이 이상의 영어 학습법은 없거든요.

아무쪼록 이 책을 보시는 모든 분들에게 행운이 있기를 바랍니다.

어머, 새로운 마음으로 영어 공부를 시작하려는 분이시군요! 정말 반갑습니다.

그럼, 반가움의 표시로 제가 이 책에 대해 필자 몰래 몇 가지만 살짝 귀띔해 드릴게요. 우선, 이 책에 실린 영어 문장들이 너무 쉬워 보이지요? 하지만 절대 무시하시면 안 된답니다. 이 책에 나와 있는 128개의 동사는 정말 쉬운 것 같아도 조금만 응용되거나 말로 표현하려면 절대 입에서 안 나오는 것들이에요. 하지만 이미지 메이킹 학습법으로 한 번 익혀 두면 두고두고 영어 실력의 기초가 되는 것들이랍니다.

또 하나, 그림이 너무 많아 어린이용 같다고 얕잡아 보시면 큰일나요. 이게 바로 이미지 메이킹 학습법의 핵심이거든요. 영어 문장을 우리말 해석 없이 하나의 그림 이미지로 받아들여 머릿속에 그대로 각인 시키는 거지요. 그럼 우리 뇌는 영어를 우리말과 같은 모국어로 인식하기 때문에 영어를 완벽하게 구사할 수 있게 되는 거예요. 그래서 자꾸만 이미지가 중요하다고 하는 거랍니다. 해석 대신 그림 이미지가 있는 영어책 – 왠지 재미 있을 것 같지 않나요?

너무 많은 걸 얘기하면 필자분께 혼날 것 같아 이 정도만 할게요. 아, 그렇다고 이별은 아니에요. 지금부터 제가 이미지 컷에 자주 등장해 여러분의 이미지 메이킹에 도움을 드릴 거거든요. 그러니까 절대 저를 놓치시면 아니되옵니다. *^^*

아, 이거 정말 섭섭한데요.

사실 이 책은 이미지 메이킹 훈련을 위해 만들어진 것이지만, 다른 읽을거리들도 참 많거든요. 이것들 역시 외국에서 살거나 공부한 적이 없으면서도 네이티브 스피커만큼 영어를 완벽하게 구사하는 김명기 님의 노하우라고 할 수 있지요. 그런데 다들 그림과 문장에만 관심이 있으니, 원.

제가 자신하고 말씀드리는 건데요, 중간중간에 나오는 읽을거리들을 절대 놓치지 마세요. '영어 학원은 실습 공간', '한영사전은 회화의 적', '영어 발음이 완벽해지는 방법', '학습 효과를 높이기 위한 지압법' 등등 정말 유익하고 재미있는 내용들이 가득합니다. 다 기억하지 못하는 제 머리가 원망스러울 뿐이에요..;

남보다 뭔가를 잘하기 위해서는 정통적 방법을 기초로 자신만의 노하우를 차곡차곡 쌓아야 한다는 거 잘 아시죠? 이 책이 여러분 영어 학습의 든든한 기초가 되길 바랍니다.

여러분 모두에게 행운이……

니들이 영어를 알아?

김명기 지음 ★ 김재선 그림

느낌표

해결책은 능동적 학습법에 있다!

첫 책이 기대 이상으로 호응을 얻어서 두 번째 책을 내는 데에 시간이 좀 걸려야 했다. 좀더 많은 의견을 들어야 했고, 좀더 나은 방법을 찾아 정리해야 했으며, 좀더 나은 sample을 골라야 했기 때문이다. 『그래 아직도 영어 공부한다 왜!』에도 상당량의 sample이 들어가 있지만, 필자는 이를 학습서라고 부르지 않았다. 그 책은 단지 영어 공부를 어떻게 해야 충분한 효과를 거둘 수 있는지를 가르쳐 주는 지침서(how-to-book)에 지나지 않았기 때문이다.

이 책 역시 감히 학습서라고 부르기에는 문장의 양이 우리가 생각하는 것보다 적은 편이다. 하지만 첫 책과는 달리 이 책에서는 새로운 형태의 학습 방법을 보여 주고자 한다.

지금까지의 영어 학습 방식은 그야말로 '수동적' 형태였다고 할 수 있다. 즉, 교육자가 가르쳐 주는 것만, 책에 있는 것만, 눈앞에 보여지는 것만 외워야 하는 환경에서 영어 공부를 해왔다는 뜻이다.

하지만 많은 사람들이 알고 있듯이, 언어 학습은 '수동적'이 아닌 '능동적'인 방식으로 이루어져야 한다. 아이가 부모에게 끊임없이 질문을 하듯 우리 역시 계속해서 생기는 의문을 그때그때 찾아봐야만 하며, 그 해답 또한 명쾌하고 정확해야 한다. 따라서 기존의 수동적 학습법처럼 모르는 것은 모르는 것으로 그냥 둔 채 계속해서 새로운 것을 받아들이는 깨진 독에 물 붓기 식의 영어 학습이 아니라, 모르는 부분을 채워 가면서 기초를 탄탄히 다져 물이 새지 않는 튼튼한 독을 완성한 뒤 비로소 많은 것을 받아들이는 영어 학습이 필요하다.

이미지로 받아들이는 영어! 많은 책들이 영어 공부를 할 때 해석하는 습관을 버려야 한다는 것과 그 이유를 명확히 명시하고 있다. 그리고 이미 터득한 한국어라는 모국어가 외국어를 받아들이는 데 어떤 악영향을 미치는지도 명백하게 드러났다. 하지만 영어 문장을 우리말로 해석하는 습관을 버려야 한다고 말하는 사람들조차 자기가 내는 영어책에는 어김없이 우리말 해석을 달아 놓았다. 원인과 방법은 알지만 이것을 확실하고 자세하게 설명할 수 있는 방법은 모르고 있는 것이다.

그 이유는 간단하다. 스스로 영어 학습의 어려움을 이겨내 본 적이 없기 때문이다. 우리말을 사용하지 않는 외국에서 공부를 하게 되면 모국어의 간섭을 덜 받는 상황에서 영어를 접하게 된다. 그럼 나중에는 우리말의 개입 없이 영어를 영어 자체로 받아들이는 것에 익숙해지게 된다. 이러한 이유로 외국에서 영어를 공부하고 온 사람들은 모국어의 간섭을 없애야 하고 해석을 하지 말아야 한다고 말하면서도, 정작 해석 외에는 다른 학습 방법을 제시할 수가 없다. 그래서 어쩔 수 없이 우리말 해석을 달아 놓거나 아니면 아예 해석 없이 영어만 달랑 적어 놓고 이 문장이 이해될 때까지 무조건 들으라고만 한다. 편하게 들으면 언젠가는 들린다는 그런 무책임한 말로 학습자를 우롱하는 것이다.

그럼 어떻게 해야 한단 말인가? 지금부터 하는 이야기는 언어 학습에 있어서 가장 기본이 되는 것이므로 꼭 기억해 두길 바란다. 제일 먼저 단어 하나, 문장 하나에 항상 이미지와 경험이 숨어 있다는 사실을 잊어서는 안 된다. 단어와 문장 안에 이미지와 경험이 들어 있다는 사실을 받아들이면 해석 없이 듣는 것만으로도 문장이 이해되고, 상황이 머릿속에 떠오르면서 배가 아프도록 웃을 수도 있다. 말도 안 된다고? 하지만 사실이다. 이것은 필자 자신이 직접 경험하고 성공한 가장 효과적인 학습 방법으로, 이 책 역시 그 방법론에 따라 전개될 것이다.

여담으로, 필자는 'dead-fish-handshake(죽은 물고기처럼 손에 힘을 주지 않고 성의 없이 잡는 둥 마는 둥 악수를 하는 짓)' 라는 말에 포복절도한 적이 있다. 이 단어를 하나의 이미지로 받아들이면 누구나 그렇게 웃을 수밖에 없다. 하지만 이 단어를 해석으로 접근한다면 한참 뒤에야 겨우 그 의미를 알 수 있게 된다.

결국 언어 학습에서 가장 중요하고 효과적인 방법은 모국어의 영향을 덜 받는 상태에서 단어와 문장을 하나의 이미지로 받아들이는 것이다. 이 방법에 익숙해지면 다음부터는 자신의 의문을 스스로 찾아 해결하는 능동적 학습법으로 영어를 익혀 나가면 된다. 언어란 절대 몇 권의 책으로 해결되는 것이 아니다. 영어 학습에 도움이 될 만한 책도 그리 많지 않지만……

기존의 학습서로 영어 공부를 열심히 한 사람들이 영어로 말할 때 문장과 문장의 연결이 어색하고, 간단한 질의문답 형식에서 벗어나지 못하며, 토론 형식의 말을 주로 사용하는 이유도 단지 몇 권의 책으로만 공부를 했기 때문이다. 이것이 바로 수동적 영어 학습의 가장 큰 문제점이다.

이 책에서는 이런 문제점에서 벗어나기 위해 필자와 함께 기존의 수동적 영어 학습법이 아닌 능동적 영어 학습법으로 영어를 익히게 될 것이다. 다시 한번 강조하지만, 이때 가장 중요한 점은 영어 문장을 이미지로 받아들이는 것이고, 그 다음은 이 이미지를 이용해서 영어를 능동적으로 받아들이는 것이다.

새로운 개념의 언어 학습 도구 '전자 문장 사전'

이 책에서는 많은 문장을 통해 직접 이미지 메이킹을 해볼 예정이다. 600개가 넘는 문장을 통해 이미지 메이킹의 기초를 다지고 나면 자신이 원하는 문장, 그리고 원어민들이 사용하는 100% 실용적인 문장을 익힐 수 있는 능동적 자세가 갖춰질 것이다. 이 과정을 돕기 위해 이 책에서는 자신이 직접 문장을 찾아 영어로 거침없이 말할 수 있는 방법으로, '전자 문장 사전' 이라는 도구를 제시하고 있다.

필자는 '전자 문장 사전' 이 영어 학습 과정에서 외국인에게 직접 물어봐야 해결되는 궁금증들을 속 시원히 가르쳐 줄 뿐 아니라, 실제로 잘 사용하지 않는 문장이나 단어들을 다루고 있는 기존의 책들이 가진 문제점을 100% 없애주리라 확신한다. '전자 문장 사전'의 문장 데이터는 생활 표현들이 가득한 영화나 드라마, 기타 책 등에서 가져온 것들이기 때문이다.

이미지 메이킹과 '전자 문장 사전'으로 이루어지는 능동적 학습 방법으로 필자 자신이 큰 효과를 보았고, 여러분도 엄청난 효과를 직접 경험할 수 있을 것이라 자신한다('전자 문장 사전'에 관한 구체적인 내용은 부록이나 www.sendic.net을 참고하면 된다).

이 책을 보는 모든 분들이 필자와 같은 영어 학습 효과와 영어 실력 향상을 경험할 수 있기를 진심으로 바란다.

2002년 늦가을
김명기

1. 그림을 이용한 이미지 메이킹

그림으로 이해하고 암기하는
완벽 영어

I.M. English

이 장에서는 그림을 이용해서 영어를 받아들이는 이미지 메이킹 훈련을 하게 된다. 영어 문장은 그림으로 이미지 메이킹이 가능한 것과 상황 설명으로 이미지 메이킹이 가능한 것으로 나눌 수 있다. 이 두 가지 방법이면 거의 모든 영어를 마스터할 수 있다는 말씀. 그렇다고 어떤 것은 그림으로, 또 어떤 것은 상황 설명으로 해야 한다고 딱히 정해진 것은 아니다. 두 가지 방법 가운데 주어진 문장에 더 적합하다고 생각되는 방법을 사용하면 된다.

이 책에서는 그림으로 이미지 메이킹하는 것이 더 재미있고 학습 효과도 높다는 많은 분들의 의견을 받아들여, 그림으로 하는 이미지 메이킹 훈련에 중점을 두었다. 물론 이 책뿐 아니라 다른 책으로도 이러한 이미지 메이킹 훈련을 할 수 있다. 다른 책에서는 우리말 해석으로 나와 있는 부분이 바로 우리가 이미지 메이킹해야 하는 부분이다.

　구체적으로 설명하면, 해석이 달려 있는 책은 우리말 해석을 먼저

한 번 읽는다. 해석을 읽는 그 짧은 시간 동안 머릿속에 그림을 연상하고 그 그림을 기억해 둔다. 그리고 천천히 그림을 그려가면서 우리말 해석을 다시 읽는다. 그 다음에는 해석을 보지 말고 머릿속에 만들어진 그림과 영어 문장을 이 책에서 제시한 것처럼 일치시키는 것이다. 물론 처음에는 속도도 느리고 쉽지 않다. 하지만 이 책을 통해 그림을 이용한 이미지 메이킹에 익숙해지면 다른 어느 책에 나와 있는 영어 문장도 쉽게 이미지 메이킹할 수 있어 최고의 학습 효과를 거둘 수 있다.

물론 더 좋은 방식은 영어를 보고 읽을 때 그에 해당되는 그림을 동시에 떠올리는 것이다. 그러면 우리말 해석 없이도 나중에 영어 문장을 읽으면 문장의 부분 부분에 해당되는 그림, 즉 이미지가 머릿속에 떠오르게 된다. 마치 머릿속에 남아 있는 영화의 한 장면처럼 말이다. 이렇듯 언어는 느낌으로 왔다가 느낌으로 가야 한다.

이렇게 문장의 한 부분 한 부분이 이미지로 다가오게 되면 나중에 그 부분들이 다른 문장을 형성하는 데에 큰 역할을 한다. 정확한 영어 문장에서 얻은 이미지들이므로 사용하는 데 오류가 있을 수 없다. 잘못된 이미지를 가지고 있지 않다면 말이다.

이 책에 나와 있는 이미지 메이킹 예문들이 충분한 양은 아니다. 하지만 훈련하는 데는 부족함이 없다. 이미지 메이킹 훈련을 완벽하게 해 놓은 뒤, 자신이 궁금해하는 내용들을 찾아 학습해 나가면 아주 큰 효과를 맛볼 수 있을 것이다. 능동적 학습이 여러분들의 영어 실력과 영어 학습에 대한 개념을 확실히 바꾸어 놓으리라 자신한다.

ahead

at or to the front or head. in advance. before .

He is

5 meters

ahead of me.

I arrive at

the hotel

20 minutes *ahead* of time.

018

There is a car   *ahead* of me.

aim

to direct (a weapon ,remark , and so on) at someone or something.

I *aim*   a gun   at the target.

= I aim at the target with a gun.

I *aim* a stone   at the bird   on the tree.

assemble

to bring or gather together into a group.

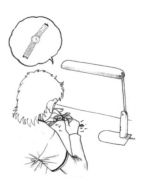

I *assemble*   a watch.

I *assemble*　　　the parts　　　into a complete bicycle.

bathe

to take a bath. to give a bath to.

I *bathe*　　　in the sun.

I *bathe*　　　　my baby　　　　in water.

I *bathe* myself　　　　in water.

문장이 너무 짧고 쉽다고 무시하면 위험천만!

"나 어제 머리했어. 좀 이상한가?"를 영어로 한 번 바꿔보시라. 쉽게 입에서 나오지 않을 것
이다. 아니면 우리끼리만 통하는 콩글리쉬이거나. 자고로, 모든 말은 이 책에 실린 예문들처
럼 간단하게 느껴지는 기본 문장에서 시작된다. 이 기본 문장이 발전해서 응용 문장이 되고,
이 응용 문장이 뭉쳐서 한 편의 소설이 된다면 이해할 수 있겠는가? 우리가 우리말을 배웠던
것처럼 쉬운 문장부터 차근차근 해나간다면 영어 정복의 길도 멀지 않다는 말씀!

be

to exist.

He *is*

a pervert.

It *is* freezing

= It's biting cold.

cold.

It *is* hot   as hell.

= It's like a furnace in here.

It *is* raining   cats and dogs.

The chair *is*   by the bed.

Your fly *is*   open.

behind

in, to, or toward the rear.

He is   5 meters   *behind* me.

I came

20 minutes *behind*.

I fall

behind.

I grab

the man

from *behind*.

I look

behind.

I'm the fourth person

behind her.

My watch is

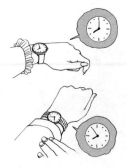

five minutes *behind*.

There is a car   *behind* me.

bend

to tighten. to curve.

I *bend*   a wire   up.

I *bend* my back   **forward.**

= I bend down.

I *bend*   **my knees.**

>>> *Similiar verb phrase*

I *double up*   **my body.**

block

to stop or impede the passage of.

I *block* (up)

his way.

I *block* up

the doorway.

 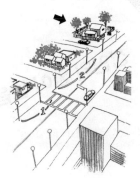

The house is   two *blocks* away.

The railroad   is *blocked*   by a huge rock.

그림이 너무 많아 어린이들에게나 권해야겠다고?

이미지 메이킹 학습법에 대한 이해가 아직 부족한 사람들만이 할 수 있는 말이다. 우리말 해석과 문법 지식만으로 익힌 영어가 우리에게 얼마나 큰 고통을 안겨줬는지를 생각해 보시라. 해도 해도 끝이 없고, 하고 뒤돌아서면 잊어버리고, 잊어버려 다시하면 또 생소하고……. 기존 학습법으로는 이 상태에서 벗어날 수가 없다. 그림으로 이해하고 그림으로 익히는 충격적인 영어 학습법을 직접 경험해 본다면 다음 책에는 더 많은 그림을 넣어 달라고 요구할 것이다. 틀림없이. 물론 어린이들에게 이 책을 권해 준다면 무지하게 감사한 일이지만!

성인의 영어 발음은 좋아지는 데 한계가 있다?

누구나 다 영어는 어렵다고 말한다. 그 이유로 영어가 우리말 어순과 많은 차이가 있는 외국어라는 점을 든다. 그리고 13세부터는 언어를 받아들이는 능력이 급격히 저하되어 아무리 열심히 공부해도 영어가 제2 외국어로서의 역할을 충분히 하지 못한다는 생각을 가진 채 영어 공부를 하는 사람들이 많다는 것도 문제다.

바로 이러한 고정관념들이 우리가 영어에서 멀어지게 된 결정적인 이유라고 생각하지 않는가? 이 책에서 필자는 이러한 고정관념도 깨부수려고 한다. 직접 해본 경험자로서, 그리고 성공한 당사자로서 여러분에게 확실한 근거들을 제시할 것이다.

우선 첫 번째로 발음에 대한 오해들을 몇 가지 짚고 넘어가자. 많은 사람들이 우선 포기하고 들어가는 것이 바로 발음이다. 그렇다면 영어 발음이 정말 우리가 따라갈 수 없을 정도로 어려운 걸까? 아니면 누구 말대로 성인이 되면서 정확한 발음을 유도하는 뇌의 기능과 유전자의 기능이 퇴화되어서일까? 필자는 이것들이 모두 고정관념이라고 생각한다.

　성인들은 귀로 듣고 따라하는 것만으로 발음을 고치려고 한다. 그래서 발음 공부를 위해 제일 먼저 하는 일이 서점에 가서 카세트 테이프를 구입하는 것이다. 그리고 눈으로는 책을 보고, 귀로는 그 원어민의 정확한 발음을 들으면서 발음을 흉내낸다. 문제는 바로 여기에 있다. 내가 듣는 발음은 정확한 것이지만, 내가 흉내내는 발음은 정확하지가 않다는 것이다.

발음은 말하는 입 모양을 보면서 흉내내야 가장 정확히 표현될 수 있다. 즉 원어민이 말하는 것을 직접 보고, 그 입 모양과 혀의 움직임을 관찰하면서 소리를 듣고 흉내를 내야 가장 근접한 소리를 찾을 수 있는 것이다.

　입 모양과 혀의 움직임을 볼 수 없는 상태에서 발음을 듣기만 하면 학습자는 그 발음을 흉내내기 위해 자신의 입을 자신의 생각대로 움직일 것이다. 그러면 자신이 듣기에 비슷하다고 생각하는(?) 발음을 만들어낼 수는 있다. 하지만 다른 사람이 듣거나 원어민이 듣기에는 완전히 다른 소리인 경우가 대부분이다. 그렇다면 어린이들의 발음 교정 과정을 한 번 살펴보자.

우선 어린이들에게 가장 효과적인 학습 방법은 시청각 교육이다. 그래서 영어 학습 시간에도 비디오 교재로 발음하는 입 모양을 보여 주거나 외국인 강사와 함께 직접 발음해 보는 과정이 주를 이룬다. 어린이를 가르치는 강사들이 입 모양을 과도하게 움직이면서 말을 하는 이유도 바로 여기에 있다. 외국인 강사에게 영어를 배우는 유치원생들을 본 적이 있는가? 시간이 되면 유치원 견학을 한 번 가보시길, 그러면 영어 시간에 어린이들이 외국인 강사의 입을 뚫어져라 바라보고 있는 것을 알 수 있을 것이다. 그렇다면 성인들은 어떤가? 영어를 배울 때 대부분 책이나 칠판을 보고 있지 결코 강사의 입을 쳐다보지 않는다는 사실을 상기해 보자.

성인들에게 영어 발음을 잘하려면 어떻게 해야 하는지 물으면 대부분 많이 듣고 많이 따라해야 한다고 대답한다. 하지만 어린이들 중에는 그렇게 대답하는 경우가 거의 없다. 즉 성인들은 영어 발음 학습에 대한 지독한 고정관념을 가지고 있고, 어린이들은 그렇지 않다는 것이다. 그래서 고정관념 없이 있는 그대로를 받아들이는 어린이들은 하루하루 발전해 가지만, 자신의 생각대로만 받아들이는 성인들은 늘 제자리이거나 심지어 퇴보한다.

정리하면, 어린이들이 발음을 잘 따라하는 이유는 특별한 능력이 있어서가 아니라, 고정관념 없이 있는 그대로를 받아들이기 때문이다. 우리들도 어린이들처럼 고정관념을 버리고, 원어민들의 입 모양과 혀의 움직임을 보고 들으면서 발음을 교정해 나가보자. 그럼 틀림없이 정확한 발음으로 영어를 구사할 수 있을 것이다. 필자가 경험한 일이므로 믿고 따라해 보시길…….

blow

to cause to move by means of a current of air.

I *blow*	a candle	out.

= I blow out a candle.

I *blow (up)*	a balloon	full of air.

I *blow* on my hands to warm them.

I *blow* smoke rings.

I *blow* air into a basketball.

= I pump air into a basketball. = I pump up a basketball.

I *blow* my nose   into my handkerchief.

I *blow*   soap bubbles.

I *blow*   the paper   off the table.

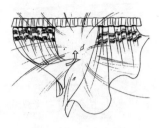
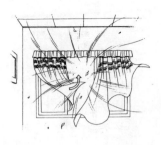

The curtain *blows* out of the open window.

The door *blows* open.

↔ The door blows shut(closed).

The papers *blow* all over the floor.

The wind *blows* hard.

break

to separate into pieces by sudden force. come apart.

He *breaks* a table with an ax.

I break   wind.

I broke   my back.

'전자 문장 사전' Sendic을 활용하라!

Sendic의 가장 큰 장점은 학습자가 찾고자 하는 문장을 그때그때 찾아서 보고 익힐 수 있다는 것이다. 43,000여 개의 해석이 있는 생활 영어 문장과 2,000여 개의 영화·드라마 대본으로 이루어진 최고의 데이터는 국내에서만 영어를 공부한 사람들이 가지는 단어와 표현 선택의 어색함을 극복할 수 있게 도와준다. 즉 Sendic에 담겨 있는 문장만 명확하게 이해하고 익혀 두면 영어를 사용하는 어떤 외국인과도 매우 자연스럽게 대화를 나눌 수 있다는 뜻이다. Sendic 프로그램은 www.sendic.net에서 무료로 다운받을 수 있다.

breathe

to inhale and exhale air.

I *breathe* out

fire.

I *breathe*

through the nose.

042

bring

to take with oneself to a place.

I *bring*   a cup of coffee   to her.

= I bring her a cup of coffee.

I *bring* down   the curtain.

= I draw the curtain. = I drop the curtain.

I *bring*   my girl friend   to the party.

bruise

to injure the skin without rupture.

I got   *bruised.*

She was *bruised*   by my remarks.

brush

to use a brush. clean with a brush.

I *brush*   my hair.

I *brush*   my teeth.

I *brush*   the dust   from my shoes.

I *brush*   the paint   to the wall.

She is *brushing* her hair. She is combing her hair.

burst

to force open or fly apart suddenly, especially from internal pressure.

I *burst* out of my room.

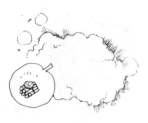

The bomb *burst*　　　　　in the building.

The box *burst*　　　　　into fragments.

button

to fasten with a button or buttons.

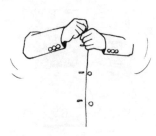

I *button* up

= I fasten buttons.

my coat.

I *button* up

my mouth.

can

I *can* smell

= I can smell something fishy.

a rat here.

I *can* see

my breath.

carry

to bear, convey, transport.

I *carry*   a bucket   to the room.

I *carry*   my baby   in my arms.

I *carry*   my books   about.

change

to be or cause to be different. alter.

I *change* into   Sunday's best.

I *charge* my cell phone   with electricity.

check

to examine, as for accuracy.

I *check* my appearance   in front of mirror.

I *check*   my makeup.

= I fix my makeup.

Check it out!

기본 동사를 알면 영어가 보인다!

우리가 일상적으로 사용하는 동사들은 그렇게 많지가 않다. '하다(했다)', '있다', '이다', '가다', '오다' 등과 같이 너무나 간단한 단어들로 일상 대화들을 해나가고 있는 것이다. 영어도 마찬가지다. 일상적인 대화들은 대부분 기본 동사들을 기초로 이루어진다. 이 기본 동사들이 변형을 하고, 전치사와 짝을 이루어 새로운 의미를 만들어내는 것이다. 이 책에 실린 128개의 동사들만 익히면 여러분은 영어에 필요한 확실한 기초를 다지게 되는 셈이다.

chop

to cut by striking with a heavy, sharp tool.

I *chop* up

this paper

into little pieces.

I *chop* up

a cabbage.

All by myself가 '오빠만세'?

필자는 영어를 배울 때 이렇게 배웠다(지금은 어떤지 모르겠지만).

영어에서 L과 R, P와 F, B와 V는 발음이 아주 비슷하므로 신경 써서 발음해야 제대로 구분이 된다.

하지만 이 말만큼 무책임하고, 우리로 하여금 영어 발음을 엉망으로 하게 만드는 원인도 없다. 예를 한 번 들어보자. 우리말에 '방'과 '빵'이라는 말이 있다. 두 개의 발음이 비슷한가? 길 가는 사람에게 물어보면 오히려 뺨을 맞을지도 모른다. 어떻게 '방'과 '빵'이 비슷하게 들리느냐고. 하지만 외국인들은 이 두 발음이 똑같다고 말한다. 영어에는 'ㅃ'이라는 발음이 없기 때문이다. 즉 외국인들은 이 발음을 들은 경험이 없고 익숙하지도 않기 때문에 구별하지 못하는 것이다.

물론 그들도 '방'과 '빵'의 발음에 익숙해지면 두 발음의 차이를 쉽게 구별할 수 있다. 바로 이 점이 중요하다. 누군가가 처음부터 이 두 발음이 100% 다르다고 가르쳐 주고 반복해서 들려주었다면 쉽게 구별할 수 있었을 것이다. 대부분의 사람들은 누군가가 발음의 차이를 설명해 주기 전까지는 자신의 판단만으로 두 발음이 비슷하다거나 거의 같다고 생각하게 된다. 이렇게 자신의 고정관념 속에 갇혀 있으면 '방'과 '빵'은 항상 똑같은 발음으로 들릴 수밖에 없다. 발음하는 사람이 아무리 다르게 발음한다고 해도 듣는 사람은 같게 듣는 것이다.

예전에 '개그 콘서트'라는 TV프로그램에 우리말 발음과 비슷한 팝송을 찾아 들려주는 코너가 있었다. 이 코너에서 All by myself를 '오빠만세'라고 발음하는 것을 보고 배꼽 잡고 웃었던 기억이 난다. 하지만 이런 개그에도 엄청난 고정관념이 작용하고 있다. 그 전까지는 All by myself라고 들리던 것이 이 프로그램을 본 이후부터는 '오빠만세'로 들리는 것이다. 한 개그맨이 심어 놓은 고정관념이 All by myself를 자연스럽게 '오빠만세'로 받아들이도록 만든 것처럼, 고정관념의 영향은 엄청나게 크다고 할 수 있다.

처음부터 L과 R, P와 F, V와 B 발음은 전혀 비슷하지 않고 확실히 구별되는 발음이라고 배웠다면 우리는 지금처럼 L과 R, P와 F, V와 B 발음 때문에 고생하지는 않았을 것이다. 외국인을 잡고 한 번 물어보시 길, 위의 발음들이 비슷한지.

서점에 가보면 원어민 발음처럼 될 수 있다는 영어책이 만만치 않 게 나와 있다. 이런 책 중에는 영어 밑에 한글로 발음이 표기되어 있는 것들도 꽤 된다. 정말 이런 책들을 왜 만드는지 모르겠다. 이런 책들은 우리를 또 다른 엉터리 고정관념 속에 빠뜨린다.

예를 들어 '우와낑', 이게 무슨 단어인지 알겠는가? 'walking'을 이렇게 써놓은 것이다. 이 발음에 문제가 있다는 것은 두 번째 문제다. 이 발음이 우리에게 미치는 악영향이 첫 번째 문제가 된다.

'walking'을 제대로 발음하면 '우와낑'처럼 들리기는 한다. 하지 만 'walking'을 '우와낑'으로 발음해서는 절대로 안 된다. '우와낑'에 서 '우'는 '와낑'을 발음하기 전 '와'라는 이중모음을 내기 위해 자연 스럽게 만들어지는 소리다. 즉 의식하지 않고 나오는 소리라는 것이다. '와' 발음을 천천히 한 번 해보자. 앞에 '우'라는 발음이 자연스럽게 생 기는 것을 느낄 수 있을 것이다. 그런데 보통 책에서는 '우와낑' 세 음

절을 모두 강조하고 있다. 그래서 학습자는 '우와낑' 이라고 또박또박 발음할 수밖에 없다. 영어 초보자일수록 이 문제는 더더욱 심각해진다.

이렇게 한 번 생각해 보자. 우리말의 '여러분' 을 외국인이 발음 분석을 통해 '이어러뷴' 이라고 발음한다면 그렇게 들릴 수도 있다고 이해할 것이다. 하지만 그 외국인이 우리에게 '이어러뷴' 이라고 또박또박 말한다면 우리는 과연 이 말을 알아들을 수 있을까?

영어 발음이 우리말로 표기된 책으로 공부하면 '여러분' 을 '이어러뷴' 으로 써놓은 책으로 공부하는 것과 같다는 사실, 잊지 않기를 바란다.

연음을 집중적으로 보여 주면서, 연음을 잘하면 마치 영어를 완벽하게 구사하는 것이라고 믿게 만드는 책들도 있다. 물론 영어를 잘하는 사람은 연음 구사가 자연스럽고, 또 연음이 매끄러우면 영어 문장이 물 흐르듯 자연스럽게 이어지는 것이 사실이다. 하지만 영어를 유창하게 잘하기 위해서 반드시 연음을 해야 하는 것은 아니라는 사실을 얘기하고 싶다.

연음이란 물 흐르듯 자연스러운 발음을 위해 앞뒤의 단어 환경에 따라 발음이 변하는 현상을 말한다. 'give me'가 'gimmi'로, 'going to'가 'gonna'로, 'want to'가 'wanna'로 변하는 현상들이 이러한 연음에 해당된다. 연음을 자연스럽게 구사하기 위해서는 원래의 정확한 발음들, 즉 give me, going to, want to 등의 발음을 알고 있어야 한다. 이 단어들을 빨리, 그리고 자연스럽게 발음할 때 나오는 것이 gimmi, gonna, wanna 같은 연음이기 때문이다.

연음은 영어를 하다보면 자연스럽게 익숙해지는 현상이다. 결코 학습으로 습득되는 것이 아니라는 뜻이다. 그런데 우리는 연음을 어떤 규칙에 따라 학습하려고 해서 문제다. 이렇게 없는 규칙을 만들어 연음을 구사하다 보면, 너무 부자연스러워서 오히려 외국인들이 못 알아듣는 경우가 많이 생긴다. 자연스러운 연음은 정확한 영어 발음을 학습하는 과정에서 나온다는 사실을 잊지 마시길…….

clean

free from dirt or impurities. to make or become clean.

His clothes are

not *clean*.

I *clean* off

the table.

I *clean* up   the floor.

clear

to make or become clear, light, or bright.

The fog   *clears* away.

= The fog lifts.

The sky　　　　　　*clears* up.

= It clears off.

climb

to move up or ascend, especially by using the hands and feet.

I *climb*　　　　　over a fence.

I *climb*   to the top   of the house.

= I go up to the top of the house.

I *climb* up   the ladder   to the top of the tree.

영어학원은 실습 공간으로 활용하라!

영어학원에 가보면 멀뚱멀뚱 남의 얘기만 듣다가 돌아가는 사람들이 꽤 많다. 이렇게 한두 시간이라도 영어를 들으면 실력이 좀 늘 거라고 생각하는 것이다. 하지만 천만의 말씀! 영어는 자신이 직접 듣고 말하지 않으면 절대 늘지 않는다. 만일 네이티브 스피커 강사가 있는 학원이라면 오늘 저녁에 열심히 예습 복습한 뒤, 다음날 자신이 익힌 것을 강사 앞에서 말해 보시라. 그럼 강사의 얘기가 훨씬 잘 들리고, 자신감도 생길 테니. 영어학원에 뭔가를 배우러 가는 사람과 배운 것을 활용하기 위해 가는 사람, 이 두 사람의 차이는 그야말로 하늘과 땅 차이다.

close

to shut or become shut. to end. finish.

I *close* up   an opening   with clothes.

I *close*   the book.

= I shut the book. ↔ I open the book.

Our school is *closed*   because of the flu.

The airport was *closed*   on account of the fog.

This flower *closes* up   during the daytime.

come

to advance. to approach. to arrive.

Pimples *come* out on my forehead.

 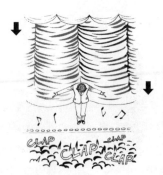

The curtain *comes* down.

= The curtain drops. = The curtain falls.

What number *comes*

after 5?

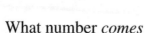

↔ What number comes before 5?

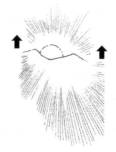

The sun

comes up

in the east.

이 책에 실린 128개의 동사는 기본 중의 기본!

이 책에는 aim에서부터 zip까지 총 128개의 동사와 그 동사가 들어간 700여 개의 문장이 수록되어 있다. 이 128개의 동사 중에는 run이나 walk처럼 때에 따라 자동사 또는 타동사로 쓰이는 것들도 다수 포함되어 있다. 즉 동사 하나를 배우면서 두세 가지의 의미를 동시에 익히게 되는 셈이다. 물론 이때 역시 우리말의 간섭 없이 모든 문장을 이미지 그대로 받아들이는 것이 중요하다. 이렇게 이미지로 각인된 동사들은 그에 적합한 상황에서 아주 중요한 재료로 활용된다. 따라서 이 책에 실린 128개의 동사와 700여 개의 기본 문장을 정확히 이미지 메이킹해 두면, 기본 중의 기본을 익힌 것이므로 영어 학습에 자신을 가져도 된다는 말씀!

connect

to join or become joined. link. unite.

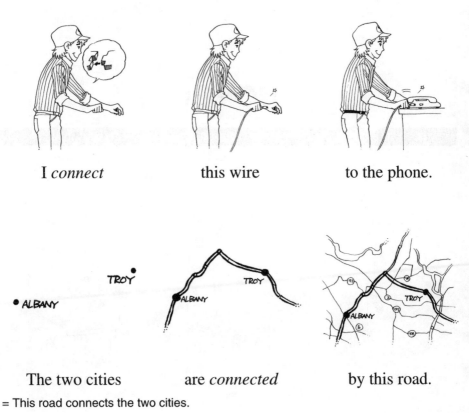

I *connect*   this wire   to the phone.

The two cities   are *connected*   by this road.

= This road connects the two cities.

This road   *connects* with   the highway.

= This road is connected to the highway.

cover

to place upon, over, or in front of so as to protect, shut in.

I *cover*   a table   with a cloth.

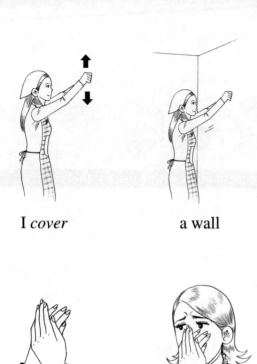

I *cover*   a wall   with paper.

I *cover*   my mouth   with my hand.

= I clap my hand to my mouth.

Snow *covers*   the road.

crack

to break or cause to break with a sharp sound.

I *crack* eggs for dinner.

I *crack* the bottle across the bottom.

cut

to separate into parts with a sharp-edged instrument like knives.

I *cut*

= I trim my finger nails.

my finger nails.

I *cut* my finger

on a knife.

They are *cutting* off   each other.

I *cut*   the paper   in (into) two.

I *cut*   the radish   in slices.

dance

to move rhythmically to music. to leap or skip about.

I *dance*

with her

to the violin music.

I *dance*

a tango.

dial

to call on a telephone.

I *dial*

my mother.

I *dial*

the number.

distribute

to divide and give out in portions. to hand out. deliver.

I *distribute*

clothes

to the sufferers.

I *distribute*

fliers.

drag

to pull or draw along, especially by force.

I *drag*

my desk.

I *drag*

a small tree

out of the garden.

I *drag*   the old table   out of cellar.

draw

to pull or move in a given direction or to a given position.

I *draw*   a cart.

I *draw*   a curtain.

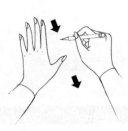
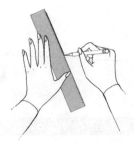

I *draw*(make) a line   with a straight ruler.

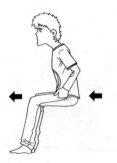

I *draw*   my chair up   to the desk.

I *draw*   the man   aside.

I *draw*   the man   into the room.

내 방식대로 메모하는 습관을 들이자!

간혹 책이나 학원 강사에게서 새로운 표현을 접하게 된다. 이렇게 새로운 표현이나 지금까지 알고 있던 표현이 전혀 다른 의미로 쓰이는 사실을 알았다면 바로 메모를 해두는 것이 중요하다. 메모를 할 때는 자신이 알아볼 수 있는 방식대로 해야 한다. 영어 표현을 써두고 우리말 해석만 달랑 달아두면 아무런 소용이 없다. 우리말 해석은 빼고, 그 표현이 어떤 상황에서 어떻게 사용되었으며, 그 표현을 말하는 강사의 표정은 어땠나 등을 적는 것이다. 이런 메모가 쌓이면 영어 학습에 정말 중요한 자료가 된다는 말씀!

drive

to push, press forcibly. to operate or be transported in a vehicle.

He *drives* his car

like crazy.

I *drive* my head

against the wall.

I *drive* my girlfriend home.

I *drive* nails into a log.

The car *drives* up the slope.

↔ The car drives down the slope.

drop

to fall or let fall from a higher to a lower place.

I *drop*

a glass

on the floor.

I *drop*

a letter

into the mailbox.

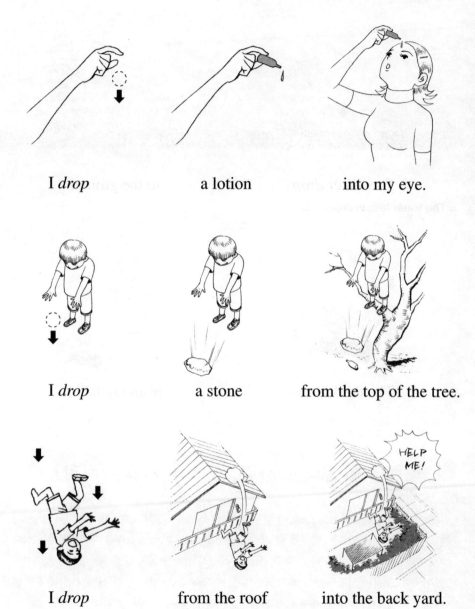

I *drop*   a lotion   into my eye.

I *drop*   a stone   from the top of the tree.

I *drop*   from the roof   into the back yard.

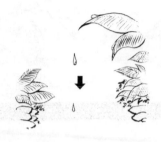 

The water *drops* to the ground.

= The water falls in drops.

The book *drops* from my hand.

실수를 겁내는 사람, 실수를 이기는 사람!

발음에 자신이 없어서, 아는 표현이 너무 적어서, 하는 말이 정확한 것 같지 않아서 등등, 영어를 잘 못하는 사람들의 변명은 한 가지 공통점을 가진다. 바로 실수를 두려워한다는 점이다. 우리말과 어순이 전혀 다른 외국어를 공부하면서 실수를 하지 않겠다는 생각은 그야말로 오만이다. 누구나 처음에는 수많은 실수를 할 수밖에 없다. 단지 누가 이 실수를 배움의 한 과정으로 생각하느냐의 문제만 있을 뿐이다. 실수만큼 좋은 스승도 없다.

dry

free or freed from liquid or moisture. to make or become dry.

I *dry* the washing

in the sun.

I *dry* wet clothes

by the fire.

dust

to remove dust. to sprinkle with a powdery substance.

I *dust*   chemicals   over the crops.

I *dust* off   a bookshelf.

I *dust* out   the box.

enter

to come or go into.

I *enter*   at the door.

= I enter through the door.

I *enter*　　　　　　　　　　my room.

= I walk into my room.

I *enter*　　　　　　　　　　the college.

영어 단어에 목숨 거는 한국 사람들!

vocabulary 22000 · 33000 시리즈를 본 외국인들은 거의 예외 없이 혀를 내두른다. 너무 어려운 데다 흔히 사용하는 말들이 아니기 때문이다. 하지만 우리는 각종 시험 때문에 이 시리즈를 정말 너무나 열심히 보고 있다. 심지어 몇 번을 봤는지가 자랑이 되는 세상이니 할 말이 없다. 하지만 영어를 정말 잘하고 싶다면 이렇게 단어에 목숨 거는 일이 시간 낭비라는 사실을 알아야 한다. 모든 단어는 그 단어가 들어간 기본 문장으로 머릿속에 각인되어야 한다. 즉 영어를 잘하려면 문장 속에서 단어의 위치 · 의미 · 쓰임새를 익히는 것이 중요하다는 뜻이다.

face

to turn or be turned in the direction of, to front on

I *face*   the chair   toward the door.

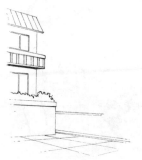 

My house *faces*   the park.

Sunflowers *face*   the sun.

fall

to come down from an erect position.

A bird *falls*   to the ground.

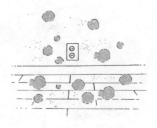

Dust *falls*   on the floor.

= Dusts come down on the floor.

He *falls* down   at my feet.

I *fall* down   on my back.

I *fall* down

on my stomach.

I *fall*

full length

on the floor.

I *fall* off

a bicycle.

I *fall* over a brick on the road.

My hairs have *fallen*.

Raindrops are *falling* from the eaves.

= Raindrops are dripping from the eaves.

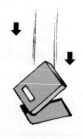

The book *falls*

behind the sofa.

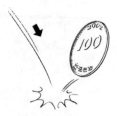

The coin *falls*

= The coin drops from(off) my hand.

from(off) my hand.

아리랑 TV는 생생한 영어를 배울 수 있는 좋은 상자!

AFN을 보면 가끔 답답함이 느껴진다. 알아들을 수 없는 표현이 무방비로 쏟아지기 때문이다. 이런 답답함은 영어에 대한 절망감으로 이어질 수 있다는 생각에 필자는 아리랑 TV를 즐겨보는 편이다. 퀴즈, 드라마, 뉴스, 다큐멘터리 같은 프로그램이 모두 영어로 진행되는 데다, 한국어 방송은 친절하게 영어 자막이 나오기 때문에 표현을 익히는 데 아주 그만이다. 한국에서 만들어져 세계로 방송되는 만큼 살아 있는 영어 표현이 많이 나온다.

feel

to touch. to examine by touching.

I *feel* like

throwing up.

I *feel*

the teeth

of the saw.

COME에는 '오다' 라는 뜻이 원래 없다?

우리는 come을 '오다' 라는 의미로 배웠고, 가끔은 '가다' 라는 의미로
도 쓰인다는 것을 알고 있다. 하지만 대부분의 사람들이 come을 '오다'
라는 뜻으로만 사용하고, '가다' 라는 뜻으로는 사용하지 못하고 있다.
그 이유는 '가다' 의 의미로 사용되는 예를 구체적으로 배우지 못했기
때문이다. 설령 자세히 알고 싶다고 해도, 상대방이 보는 관점이니 내
가 보는 관점이니 하면서 아주 복잡하게 정의를 해놔서 마음먹고 사전
을 뒤적여도 언제, 어떻게 come이 '가다' 라는 뜻으로 쓰이는지 전혀 감
을 잡을 수가 없다. 영어를 조금이라도 공부한 사람이라면 누구나 아는
쉬운 단어인데 우리는 왜 이 단어를 '오다' 라는 표현으로만 써야 할까?

여기서 한 가지 짚고 넘어가야 할 문제가 있다. 영어 단어를 우리
말로 해석하는 과정에서 단어 자체가 굉장히 어렵게 우리에게 다가온
다는 점이다. 필자도 다른 사람들과 똑같이 영어 교육을 받은 터라 단
어를 어렵게, 그리고 반쪽 의미로만 암기하고 있었다. 그런데 우연히

영영사전을 뒤적이다가 아주 엄청난 사실을 발견했다.

영영사전에서 come을 찾으면 아래와 같이 나와 있다.

1. to advance, approach.

2. to arrive.

3. to reach a particular result, state, or position.

즉 come의 뜻이 바로 '앞으로 나아가다, 목표물에 접근하다'인 것이다. 어느 영영사전을 찾아봐도 come의 뜻이 '오다'라고 표기된 것은 없었다.

예문을 살펴보면 다음과 같다.

1. (You) Come to me. - you가 me로 나아가는 것이다(명령문에서는 주어가 생략된다).

2. I'm coming (to you). - 주어인 I가 어떤 목적지로, 즉 you에게로 나아가는 것이다.

굳이 우리말로 해석하자면, 예문 1에서는 come이 '오다' 라는 뜻으로, 예문 2에서는 '가다' 라는 뜻으로 쓰였다. 그런데 위의 두 문장을 말하는 외국인은 한 가지 생각만 가지고 있다. 우리처럼 '오다' 와 '가다'를 생각하면서 come을 사용하는 것이 아니라, 주어가 어떤 목적지로 나아가는 이미지를 생각하면서 come을 사용하는 것이다.

그렇다면 외국인에게는 이 come이라는 단어의 의미가 하나인데, 왜 우리에게는 둘이 된 것일까? 그 이유는 우리말에는 '가다' 와 '오다'의 구분이 확실하기 때문이다. 이 두 의미의 차이를 명확히 하기 위해서 우리의 언어 정서에 맞게 come이라는 단어를 두 가지 의미로 받아들이게 한 것이다.

그렇다면 come을 '가다' 라는 뜻으로 절대 활용하지 못하는 학습자들에게 도움이 될 만한 방법이 없을까? 물론 있다. 이것은 필자가 시도해서 100% 성공한 방법으로, 무엇보다도 come에 대한 기존의 모든 해석을 버리고 새로운 이미지를 만드는 것이 중요하다. 즉 '주어가 어떤 목적지 쪽으로 나아가는 것' 이라는 come의 이미지를 머릿속에 심는 것이다. 그러면 지금까지 절반의 의미로만 겨우 사용했던 come을 100% 완벽하게 활용할 수 있게 된다.

(I am) Coming

to you!

(You) Come

with me.

 I come

 to the house.

 I come

 back.

 She comes

 by me.

이렇듯 우리가 가지고 있는 come에 대한 잘못된 고정관념을 버리고 새롭게 그 의미를 이미지 메이킹한다면 come을 활용하는 데 전혀 문제가 없다.

이쯤에서 그럼 come과 go의 차이가 무엇일까 궁금해하는 분들이 있을 것이다. 사실, come과 go 사이에 궁극적인 차이점은 보이지 않는다. 때로는 go와 같은 의미로, 때로는 반대 의미로 쓰이니까 말이다. 외국인들은 "I'll come to the house"와 "I'll go to the house"를 똑같은 의미로 사용한다. 자신이 쓰고 싶은 단어를 넣으면 되는 것이다.

하지만 항상 come을 사용해야 할 때와 go를 사용해야 할 때가 정확히 구분된 경우도 있다. 이러한 것은 문법으로 설명이 불가능한, 그 사람들의 언어 습관에 해당되는 부분이므로, 이러한 예외적인 문장과 상황을 많이 접해 봄으로써 언제, 어떻게 써야 올바른지를 정확히 판단해야 한다.

예를 들어, 외국인에게 '말하다'라는 의미를 가진 단어 'say, talk, speak, mention, utter, tell, state' 등등이 문장에서 어떻게 구별되어 사용되는지를 물으면 상당히 난처해할 것이다. 왜, 대답을 못하니까. 이런 것들은 문법으로 절대 해결되는 문제가 아니다. 이 단어들이 들어간 문장들이 어떤 상황에서 어떻게 사용되는지를 직접 느끼고 판단하는 것이 가장 옳고 정확한 방법이라는 뜻이다.

외국인 친구에게 "왜 come은 '가다'라는 의미와 '오다'라는 의미를 동시에 갖지?"라고 물어본 적이 있다. 그러자 그 친구는 "come은 '오다'라는 뜻이야"라고 대답했다. 그래서 "I'll coming은 '가다'라는 뜻이잖아?"라고 물으니까, 그 친구도 스스로 신기해하면서 대답을 하지 못했다. 자기도 처음으로 생각해 보는 문제라면서.

우리말을 아는 외국인에게 come의 뜻을 물으면 당연히 '오다'라고 대답한다. 그리고 go의 뜻을 물으면 '가다'라고 한다. 그것은 한국에 와서 우리말을 배울 때 우리가 그렇게 가르쳐 줬기 때문이다. 그들 역시 '가다'와 '오다'의 의미를 느끼지 않고 그냥 배운 대로만 말하는 것이다. 하지만 이렇게 이해하고 있는 그들의 머릿속에는 come의 의미가 여전히 '주어가 어떤 목적지로 나아가는 것'처럼 각인되어 있다. 그래서 come이 때로는 '오다', 때로는 '가다'로 사용되어도 전혀 이상하게 생각지 않는 것이다.

이렇듯 고정관념은 단어 학습조차도 굉장히 어렵고 까다롭게 만들어, 우리를 영어로부터 더욱 멀어지게 만든다. 좀더 쉽게 영어를 받아들이기 위해 만든 우리말 해석과 영어사전이 이러한 고정관념들을 더욱 부채질하고 있는 것이 사실이다. 영어 이미지가 그대로 담긴 영어사전만 하나 있었더라도 우리의 영어 학습은 이렇게까지 어렵지 않았을 거라는 아쉬움이 든다.

fix

to put into a stable or unalterable form.

I *fix*   a stamp   on the envelope.

I *fix*   the flag-pole   into the ground.

  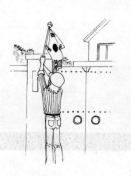

I *fix*   the national flag   at the gate.

I'm *fixing*   a bell   on the door.

I'm *fixing*   a table.

flatten

to make or become flat or flatter.

I *flatten*

= I smooth out crumpled paper.

crumpled paper.

I *flatten* my cheek

against the window.

I *flatten* myself   against a wall.

I *flatten* myself   on the ground.

수지침 효과를 노린 손가락 지압법!

우리 손안에 우리 몸이 다 들어가 있다는 사실을 알 것이다. 소화가 안 될 때 검지와 엄지 사이의 움푹 들어간 곳을 꾹 누르면 속이 시원해지듯이, 어깨가 아프거나 머리가 띵할 때 손을 지압해 주면 효과가 금방 나타난다. 필자는 집중해야 할 일이 있거나 머리가 아플 때면 다섯 손가락 끝을 꾹 눌러 준다. 특히 중지를 집중해서 누르는데, 이 가운데 손가락의 끝 부분이 우리 뇌와 연결이 되어 있어서다. 중지는 전체적으로 척추를 나타내므로, 오래 앉아 있는 학생이나 직장인은 가운데 손가락을 자주 주물러 주는 것이 좋다.

get

to obtain or acquire.

I *get*(have)   a hair   cut.

I *get*(have)   a new coat   made.

I *get*   a shave.

→ I get myself shaved.

I *get* down   the ladder.

I *get*   in the taxi.

↔ I get out of a taxi.

I *get*

on the bus.

↔ I get off the bus.

I *get*

out of bed.

I *got*

fried.

I *get* up   the ladder   to the roof.

= I climb up the ladder to the roof.

I'm *getting*   high.

The beer   has *got* flat.

= The beer is flat. = The beer has gone stale.

The crack

gets wider.

= The crack spreads.

Get your hot dog pick.

슬랭, 잘못 사용하면 총 맞는다!

슬랭은 정말 영어에 어느 정도 감각이 있어야 자연스럽게 구사할 수 있다. 그 뉘앙스를 정확히 이해하려면 그 말을 사용하는 사람들의 정서를 100% 이해하고 있어야 하기 때문이다. 괜히 영화에서 한 마디 들었다고, 책에서 많이 나오는 말이라고 함부로 얘기했다가는 외국인에게 총 맞는 일이 생길 수도 있다. 슬랭은 완벽한 영어 실력에 따라붙는 옵션 정도라고 생각하면 좋을 듯하다.

go

I *go*   to school   on foot.

= I walk to school.

I *go* upstream   along the river   for 3 kilometers.

My legs have *gone*   to sleep.

= My legs are asleep. = I've got a Charlie-horse. = I have a cramp in my leg.

 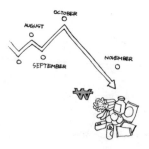

The prices are   *going* down.

= The prices are falling off. ↔ The prices are going up.

The pencil *goes*   bent.

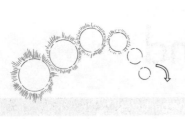 

The sun *goes* down   in the west.

The temperature   *goes* down.

= The temperature drops. = The temperature falls.

The wind   *goes* down.

= The wind dies down. = The wind calms down.

grind

to crush into fine particles.

I *grind*

a sword

on a grindstone.

I *grind*

corn

into flour(powder).

I *grind* my teeth   in anger.

hang

to fasten or be fastened from above with no support from below.

A tree is *hanging*   over the street.

I *hang* a bulb from the ceiling.

I *hang* a calendar on the wall.

I *hang* by the rope in the air.

I *hang*   my coat   on a hook.

I *hang*   the towel   on the rack.

I *hang* up   a signboard.

= I put up a signboard.

I *hang* wet clothes on the clothesline.

= I hang out wet clothes on the clothesline.

I *hang* the curtain.

My hair *hangs* down on my shoulders.

The clouds *hang* over   the top of the mountain.

have

I *had*   my pants   shortened.

↔ I had my pants lengthened.

I shortened   my pants.

↔ I lengthened my pants.

I *have* a cold   in the nose.

= I am sniffling with a cold.

I *have* a sword   with a broken blade.

She *has*   a wide acquaintance.

We *have*   a flat tire.

We *have*   30 minutes to kill.

영어 해석은 매끄러운 게 최고?

우리는 단지 매끄러워야 한다는 이유만으로 영어를 우리식으로 함부로 해석하는 경향이 있다. 이것 또한 잘못 배운 탓이지만, 지금이라도 우리식으로 해석하는 것이 중대한 실수라는 사실을 깨달아야 한다.

예를 들어, 'Would you mind if....?' 또는 'Do you mind if....?'를 우리가 배운 대로 해석하면 '~해주시겠어요?'가 된다. 이것을 '~하면 꺼리시겠어요?' 또는 '~하면 불편하시겠어요?'라는 이미지로 받아들이거나 해석하면 시험문제에서도 오답처리를 해버린다.

물론 우리 정서에 의하면 '~하면 꺼리시겠어요?'라는 말이 상당히 어색하게 느껴진다. 하지만 영어에는 분명 그런 말이 있다. 그런데 우리는 이런 영어식의 이미지와 표현을 무시하고 우리식으로 바꾸어 학습하고 사용하는 것에 익숙해 있다. 그래서 결국 영어 공부를 깊이하면 할수록 혼란에 빠지고, 영어는 어렵다는 고정관념에 사로잡히게 되는 것이다.

구체적인 예를 들어, "Would you mind if I smoked here?" 또는 "Do you mind if I smoke here?"라고 물으면 상대방이 분명 여러 가지로 대답할 수 있다. 즉 "Why not?" 아니면 "Yes"나 "No"라고 대답하거나 그냥 아무 말도 안 할 수 있다. 문제는 바로 여기에 있다.

우리는 이 "Yes"나 "No"를 어떻게 이해해야 할까? 우리는 분명 mind가 들어가는 의문문에 대한 대답은 "Yes"가 "No", "No"가 "Yes"의 의미라고 배웠다. 물론 지금도 그렇게 가르치고 있으며, 예상컨대 앞으로도 그렇게 가르칠 것이다.

예전에 한 유명 라디오 영어 프로그램에서 mind라는 단어로 인해 작은 해프닝이 벌어진 적이 있었다. 여러 초대 손님들이 나와 있었는데, 그들은 영어를 웬만큼 한다는 직장인과 학생들로 구성되어 있었다. 그 중 한 노신사가 외국에서 있었던 경험담을 들려주었다. 그 노신사는 외국에서 한 아름다운 숙녀에게 "Do you mind if I sit here, next to you?"라고 정중하게 물어보았다고 한다. 진행자가 그녀의 반응이 어땠냐고 묻자, 그 노신사는 "No"라는 말을 들었다고 대답했다. 이 말이 떨어짐과 동시에 그 자리에 있던 초대 손님 중 몇 명이 아주 큰소리로 웃

어댔다. 그러자 진행자가 정색을 하며 "지금 웃은 사람들은 모두 영어에 초보자이십니다. 모두들 반성을 하셔야겠네요. 여기서 'No' 라고 한 것은 앉아도 좋다라는 말이었지 앉지 말라는 뜻이 아닙니다. mind로 물으면 'Yes' 는 'No' 로 'No' 는 'Yes' 로 생각하고 이해해야 합니다"라고 설명해 주었다.

어느 정도 영어를 할 줄 알고 관심도 많은 사람들로 구성된 초대 손님들이었지만, 이 사람들도 영어를 우리식으로 받아들이는 버릇을 가지고 있어 이런 실수를 한 것이다. 물론 위와 같은 상황에서 그 아름다운 숙녀의 "No"라는 대답에 쑥스러운 표정으로 머리를 긁적이며 돌아서다가, '아! mind로 물으면 Yes가 No이고 No가 Yes였지!' 하면서 어색한 웃음을 짓고 다시 그 숙녀 옆에 앉는 사람도 있을 것이다. 그렇다면 왜 우리는 이렇게 한 번 더 생각하지 않으면 영어의 의미를 100% 이해할 수 없는 것일까?

'Would you mind....?' 라는 숙어 안에는 상대방이 꺼려 하거나 불편해하는지를 묻는 느낌이 들어 있다. 하지만 '~해주시겠어요?' 라는 우리말 해석은 상대의 의향을 일방적으로 묻는 의문문으로 밖에 이해가 안 된다. 'Would you mind....?'를 있는 그대로의 이미지, 즉 '~하면 당신은 불편하시겠어요?' 라고 받아들였다면 우리는 "Yes"나 "No" 라는 대답을 가지고 이렇게까지 혼란스러워하지는 않았을 것이다.

여기에서도 이미지 메이킹 학습이 큰 도움이 된다. 아래와 같이 이미지로 문장을 이해한다면 두 번 다시 어이없는 실수를 저지르는 일은 없을 것이다.

Do you mind if I smoke in this room?

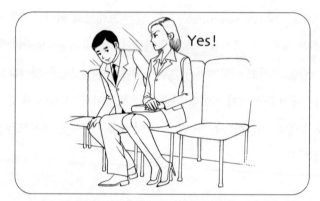

Do you mind if I sit next to you?

우리가 영어를 배우는 이유는 영어를 우리말 답게 매끄럽게 해석하기 위해서가 아니라 상대가 하는 얘기를 정확하게 알아듣고 그들의 언어 습관에 맞게 자신의 의사를 명확히 표현하기 위해서이다. 하지만 이런 목적은 온데간데없고 오직 시험에 패스하기 위한 우리식 영어 학습법만 난무하고 있으며, 우리끼리만 통하는 유창한(?) 콩글리쉬에 자신도 모르게 만족하고 있는 것이다. 그 결과 영어 학습 인구는 전 세계를 통틀어 순위 안에 들지만, 정작 영어 능력 평가에서는 여전히 최하

위를 달리고 있는 게 우리 현실이다.

언어에서 느낌과 이미지가 빠져 버리면 언어도 하나의 공식에 지나지 않는다는 사실을 잊어서는 안 된다. 언어를 수학처럼 학습한다고 상상해 보라. 정말 끔찍한 일이 아닐 수 없다. 하지만 불행하게도 우리는 지금까지 그렇게 언어 학습을 해왔다. 느낌과 이미지를 빼버리고 오직 문법 공식으로만 암기했던 영어. 결국 우리가 만든 잘못된 고정관념의 틀 속에서 우리는 허우적대고 있었던 것이다. 지금부터라도 올바른 학습 방법에 맞게 차근차근 해나간다면 결코 늦지 않다.

이 순간부터 영어를 공식이 아닌 하나의 이미지로 받아들인다면 얼마 안 가 충분히 영어로 의사 표현을 할 수 있게 된다. 다시 한 번 강조하지만, 일단 자신이 가지고 있던 고정관념을 완전히 버릴 것, 그리고 지금부터 이미지 메이킹 학습을 게을리하지 말 것. 이 두 가지만 지켜진다면 영어 정복의 길도 그리 멀지 않다.

help

to give assistance. to aid.

I *help*

a person

off a car.

I *help*

a drowning man

in the river.

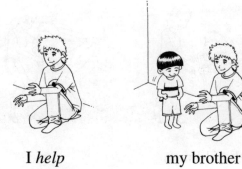

I *help*　　　　my brother　　　　off with his pants.

↔ I help my brother on with his pants.

I *help*　　　　my brother　　　　with his homework.

I *help*　　　　my father into his shoes.

I *help*   the old man   up.

↔ I help the old man down.

hit

to strike. to come or cause to come in contact with forcefully.

I *hit* a tree   while backing out.

I *hit* my head   against the door.

I *hit*   the ball   over the fence.

I *hit*   the ball   with a bat.

I hit   the man   over the nose.

Lightning *hits*   my house.

= Lightning strikes my house.

The stone *hits*   me   on the head.

= The stone hits my head.

The stone *hits*   me   in the eye.

= The stone hits my eye.

hold

to have and keep in or as if in one's possession.

She *held* a seat   for me.

= She saved a seat for me.

I *hold*   a handkerchief   over my mouth.

I *hold*   her by the arm.

I *hold*   the balloon   tightly.

 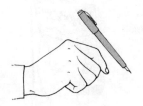 

I *hold*   the pen   in my hand.

I *hold*   the receiver   to my ear.

I laugh   *holding* my sides.

I'm *holding*   a book   under my arm.

insert

to put, place or thrust in.

I *insert* a key   in a lock.

I *insert* a plug

in an outlet.

I *insert* a word

between two words.

I *insert* bills

= I put bills in newspaper.

in newspaper.

I *insert* a bookmark in the book.

= I put a bookmark in the book.

I *insert* coins   into the slot   of the vending machine.

토익 점수가 곧 자신의 영어 실력은 아니다!

토익, 토플 점수가 같은 사람들은 비슷한 영어 실력을 갖고 있다고 할 수 있을까? 전혀 아니다. 토익 같은 경우는 영어를 사용하는 외국인조차도 헷갈려 한다고 한다. 자세히 들으면 들을수록 아리송한 문제가 많다는 뜻이다. 하지만 토익의 정답을 찾는 요령을 깨우친 사람들은 점수를 잘 받을 수 있다. 잘 들리지 않기 때문에 헷갈리지도 않기 때문이다. 물론 토익, 토플 점수가 잘 나오면 좋다. 하지만 토익, 토플 점수가 낮다고, 영어는 정말 어려운 것이라고 단정짓지 말라는 뜻이다.

jump

to spring off the ground. to throw oneself down.

He is *jumping*

= He is skipping rope.

rope.

I *jump* down

from the roof.

I *jump*

on the bus.

I *jump*

out of bed.

I *jump*

out the window.

144

I *jump*   over a stone   on the road.

= I jump across a stone.

keep

to take in one's charge temporarily. to retain possession of.

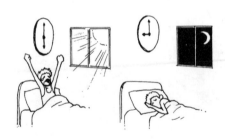 

I *keep* early hours.   I *keep* late hours.

I *keep* my bookcase   in order.

kick

to strike or strike out with the foot.

I *kick*   him   out of my house.

I *kick*   him   on the butt.

= I give him a kick on the butt.

I *kick* off   my shoes.

I *kick*   the basket   over.

kiss

to touch with the lips as a sign of affection, greeting, and so on.

I *kiss* | her | on the cheek.

I *kiss* | him | on the forehead.

knock

to strike with a blow or series of blows. to produce by hitting.

I *knock*   at the door.

= I knock on the door.

I *knock*   my sister up.

= I knock up my sister.

I *knock*   the man   down.

lay

to place or rest on a surface.

I *lay*   a floor.

I *lay*   a rope.

I *lay*   her   on the bed.

I *lay*   the ladder   against the wall.

let

to grant permission to. to allow.

I *let* the person   into a house   by the backdoor.

= I allow a person into a house by the backdoor.

I *let* the air   out of the tire.

152

lie

to be in or place oneself in a flat position.

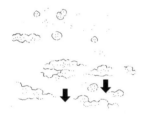

Dust *lies* thick on the table.

↔ Dust lies thin on the table.

I *lie* back in an armchair.

= I lean back in an armchair.

I *lie*   on my stomach.

= I lie with my face down. = I lie on my face.

I *lie*   on my back.

= I lie facing upward.

I *lie*   on my side.

I *lie* on the grass reading a book.

 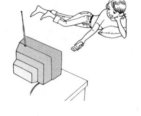 

I *lie* watching television on the sofa.

콩글리쉬를 극복하려면 외국인 친구를 사귀어라!

우리식 정서를 가진 사람이 문법에만 충실해 말을 하다보면 콩글리쉬가 되기 쉽다. 그런데 참 신기한 것은, 우리나라에서는 콩글리쉬가 너무 자연스럽게 통한다는 점이다. 서로 콩글리쉬를 사용하니 그럴 수밖에! 하지만 외국인은 문법만 영어인 그 말을 전혀 이해하지 못한다. 외국인이 못 알아듣는 영어라면 굳이 배울 필요가 있을까? 자신이 콩글리쉬를 사용하는지 알고 싶다면, 콩글리쉬를 고치고 싶다면 외국인 친구를 한 명쯤 사귀는 것이 좋다. 그 친구에게 우리말을 가르쳐 주면서 영어를 수정해 간다면 이것이 그 유명한 누이 좋고 매부 좋은 일이다.

우리는 동사를 적절히 잘 사용하고 있다?

우리가 접하는 대부분의 동사는 어떤 때는 자동사(vi)로, 또 어떤 때는 타동사(vt)로 쓰인다. 하지만 우리는 이렇게 두 개의 얼굴을 가진 동사를 볼 때 거의 한쪽 얼굴만 보는 경향이 있다. 이런 점이 우리가 단어를 자유자재로 활용하는 데 있어 큰 제한 요소로 작용한다는 사실을 알고 있는가?

예를 들어 우리가 흔히 사용하는 walk라는 단어를 보자.

I *walk* to school with my friends.
I *walk* along the street.
I *walk* across the room.
I *walk* toward him.

여기에서 walk는 자동사로, 우리가 흔히 사용하는 예이다. 그렇다면 다음의 문장들을 보자.

I *walk* a tightrope.
I *walk* the streets.
I *walk* my dog.
I *walk* my girl friend home.

여기에서 walk는 뒤에 목적어가 따라오는 타동사의 형태로 쓰였다. 하지만 영어 학습자들은 이런 문장이 나오면 당황하게 된다. 왜? walk가 타동사로 쓰인 예를 많이 접해 보지 못했으니까.

또 하나의 예를 들어,

I *run* to school.
I *run* along the street.

같은 문장들은 익숙하지만, 다음에 나오는 문장들은 낯설다.

I run my dog.

I run my horse through the woods.

I run the man out of city.

여기에서 run은 타동사로 쓰였다. 하지만 이런 문장들을 접한 학습자들은 의미 파악에 다소 어려움을 겪거나 아니면 전혀 다른 뜻으로 이해하는 경우가 많다.

그렇다면 왜 특별히 어렵지도, 이상하지도 않은데 우리는 동사의 절반밖에 활용하지 못하는 것일까? 역시 우리는 필요한 부분만 암기하고 마는 영어 학습법에 익숙한 것이다. 즉 시험에 필요하면 공부하고 그렇지 않으면 전혀 배우려 하지 않고, 회화책에 나와 있으면 공부하고 그렇지 않으면 접할 수 있는 기회조차 없었기 때문에 이런 일이 생긴 것이다. 지금까지 나온 회화책들을 살펴보면, 이러한 부분을 제대로 지적해 준 것이 거의 없다고 해도 과언이 아니다.

영어를 좀더 정확히 일상화하기 위해서는 단지 눈에 보이고 귀에 들리는 것만 알고 넘어가서는 안 된다. 우선 단어를 접하면 그것이 어떤 식으로 쓰이는지를 알아야 한다. 물론 모든 단어의 쓰임을 다 알아야 한다는 것은 아니다. 이것은 잘못하면 시간 낭비가 될 수 있다. 그러므로 적어도 한두 개의 예를 통해 동사가 어떤 때 자동사로, 또 어떤 때 타동사로 쓰이는지를 알아두면 된다. 여기에 그 동사가 들어간 문장과 반대되는 문장 그리고 비슷한 문장을 같이 알아두면 그야말로 금상첨화다. 단순히 한 문장을 이미지 메이킹하는 것보다는 비교되는 다른 문장들과 함께 이미지 메이킹하는 것이 효과면에서 탁월하기 때문이다. 그 다음, 동사의 활용에 좀더 관심을 가지면 동사를 절반밖에 활용하지 못하는 비극에서 벗어날 수 있다.

그렇다면 명사는 어떤가? 우리가 흔히 명사로만 알고 있는 water는 동사로도 쓰인다. 명사로 쓰이는 예를 살펴보자.

Can you give me some *water*?
I hold my *water*. ⟷ I pass my *water*. = I make my *water*.

water가 타동사로 쓰이는 경우도 있다.

I *water* the street in front of my house.
I *water* plants in the garden.

그럼 자동사로 쓰이는 경우는 어떤가?

The smoke makes my eyes *water*.
The food makes my mouth *water*.

기존의 영어 학습서를 보면 책을 하나라도 더 팔기 위해 학습자들의 즉흥적인 반응을 이끌어내는 데 중점을 둔 것들이 대부분이었다. 그러다 보니 현재 우리에게 가장 필요하다고 판단되는 것만 찍어서 알려 주는 단타성만을 가질 수밖에 없었다. 그래서 우리는 '손 올려(Raise your hand / Put your hand up / Lift your hand)' 같은 간단한 말은 알지만 '손 내려(Lower your hand / Get your hand down / Put your hand down / Drop your hand)' 같은 말은 모른다.

이러한 문제는 학습자가 단지 알려 주는 것만 받아들이는 데서 오는 영어의 골다공증과 같은 증세라 할 수 있다. 뼈가 부실하면 사골과 꼬리를 푹 고아 먹는 것처럼, 영어가 부실하면 영어를 푹 고아서 먹어 버리면 된다. 영어에 난 구멍들을 메우기 위해서는 각각의 구멍에 맞는 영어를 끼워 넣어야 하는데, 이것이 곧 쓰임과 활용의 예를 보고 가장 대표적인 문장 한두 개를 머리에 넣어두는 방식이다.

일상 영어 회화가 몇 백 단어로 이루어진다고들 한다. 이 말은 맞을 수도 있고 그렇지 않을 수도 있다. 사람에 따라서 개인차가 있기 때문이다. 하지만 이 몇 백 단어가 우리가 아는 것과는 달리 어느 한 뜻으로만 쓰이지 않고 다양하게 활용된다면, 우리는 몇 백 단어를 다 안다고 해도 일상 영어 회화가 불가능해진다. 미국인들은 이 몇 백 단어를 상황에 맞게 굉장히 다양한 의미로 사용할 것이 분명하기 때문이다.

늘 강조하는 것이지만, 영어 학습에 있어서 스스로가 찾아보는 능동적 학습이야말로 가장 필요하면서도 기초적인 부분이다. 학교에서 배운 것만 암기한다거나 기존의 책에 나와 있는 것에 의지하는 방식에서 이제는 벗어나자. 그럼 영어가 좀더 자신에게 다가와 있다는 사실을 느낄 수 있을 것이다.

lift

I lift

a load

out of a truck.

I lift

my dog

in my arms.

I *lift* a stone with one hand.

= I raise a stone with one hand.

I *lift* my hat to the beautiful lady.

I *lift* the book down from the top shelf.

I *lift* up my head.

= I raise my head.

listen

to make an effort to hear something. to pay attention.

I *listen* at my cell phone.

I *listen* at   the door.

I *listen* to   her.

I *listen* to   the lecture.

I *listen* to   the people talk.

load

to place a load in or on.

I *load*   a tape recorder.

I *load* my gun   with bullets.

The ship   is *loading*.

내가 아는 문장이 영어 실력의 핵심!

영어 공부를 하는 사람들은 대부분 늘 새로운 문장을 찾아 암기한다. 아는 문장은 쉽게 느껴지기 때문에 소홀히 넘기고 마는 것이다. 그런데 문제는 새로운 문장을 암기하면 할수록 알고 있는 문장은 머릿속에서 빠져나간다는 점이다. 그렇게 되면 영어 실력은 늘 제자리이거나 아니면 퇴보할 수밖에 없다. 기존에 알고 있는 문장은 아무리 쉽더라도 즐거운 마음으로 자꾸 반복해 줘야 한다. 발음도 교정하고, 뉘앙스도 충분히 느끼고, 입에서 튀어나올 정도로 반복해야 다른 문장을 접할 때도 어렵지 않게 느껴지며, 영어 실력도 늘게 된다.

lock

to fasten or become fastened with a lock.

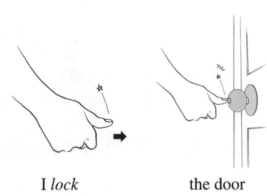 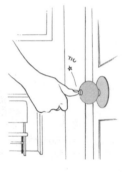

I *lock* the door from the inside.

→ I unlock the door from the outside.

I *lock* my bicycle to the rack behind the building.

168

I *lock*　　　　　　　　my fingers.

→ I lock my arms.

look

to use the eyes to see. to focus one's gaze or attention.

I *look* at　　　　the girl　　　　in the face.

I *look* up

in surprise.

loose

to set free, release. not tightly fastened or secured.

I *loose*

a knot.

170

I *loose*   the dog   from the rope.

lose

to be unable to find. to be unable to maintain or keep.

He *lost* his leg   in a car accident.

I'm *losing*   weight.

↔ I'm gaining weight.

lower

to let or move something down to a lower level.

I *lower*   the volume   of the radio.

I *lower*

the flag.

= I pull down the flag.

make

to create, form, shape. to cause to be.

He *makes*

a table

with tools.

I *make* a fire in the fireplace.

= I build a fire in the fireplace.

I *make* a table to fit into this space.

I *make* a way for him.

I *make* signs   to her.

I *make*   the bed.

I'm *making* the holes   in the table   for the nails.

$$1 + 2 =$$

One and two *make*

↔ Two minus one is one.

She *makes* a face

$$3$$

three.

at me.

영작을 잘한다고 회화를 잘하는 것은 아니다!

영작 - 잘하면 정말 좋다. 하지만 영작을 잘하는 사람이 반드시 회화를 잘하는 것은 아니다. 문법에 맞게 영작을 하는 사람들이 영어로 말하는 것을 들으면 콩글리쉬이거나 문어체인 경우가 참 많다. 먼저 머릿속에 우리말을 떠올리고 그 말에 맞게 영작을 하는 습관을 들였으니 그럴 수밖에. 영작은 살아 있는 표현을 자연스럽게 말로 표현할 수 있는 단계 뒤에 오는 당연한 결과이다. 그러니 영작을 한다고 어려운 책을 보거나 문법에 매달릴 필요가 없다는 말씀! 일단 살아 있는 표현을 통째로 암기하고 활용하는 것이 중요하다.

open

I *open*   a newspaper.

= I spread out a newspaper. ↔ I fold a newspaper.

I *open*   an umbrella.

↔ I fold an umbrella.

I *open* my book

at page 78.

= I turn to page 8.

This flower *opens*

at night.

I *open* the windows

to let fresh air in.

peel

to strip the skin or bark from. to lose or shed skin.

I *peel*

the bark from a tree.

I *peel* off

= I strip the skin from(off) the bananas.

the skin of the bananas.

pick

to select from a group. to tear off bit by bit.

He *picks*

my purse

from my bag.

He *picks* on

me

in front of people.

He *picks*

pockets.

I *pick*

bones

clean.

I *pick*

a thorn

out of a finger.

= I remove a thorn from my finger. = I take out a thorn from my finger.

I *pick*   my nose.

I *pick*   my teeth.

I *pick* out   my friend   in the crowd.

I *pick*   some apples   for my sister.

I *pick* up   my health.

I *pick* up   the book   off the table.

I *pick* up   the phone

= I get the phone.

pin

I *pin*   papers   together.

I *pin*   the paper   to a bulletin board.

place

to put in some particular position.

I *place* a bandage   on the wound.

I *place* a stone   on the hole.

= I put a stone on the hole.

play

to take part in a game or sport.

I *play* the pan flute   to the guitar.

I'm *playing*   hooky.

= I'm cutting my classes.

pour

to flow or cause to flow in a flood or steady stream.

I *pour*   her   a glass of juice.

= I pour a glass of juice for her.

I *pour* water

into 3 buckets.

I *pour* water

on his face.

The rain

is *pouring* down.

press

I *press* down

the accelerator pedal.

I *press* down

the lid

of the jar.

I *press* my ear | against the wall | between two rooms.

I *press* | the man | back.

I *press* | the shutter | of a camera.

pull

to draw something toward the source of the force.

I *pull* at

a rope.

I *pull* down

the blinds.

= I lower the blinds.

I *pull*   my brother   by the ear.

I *pull*   my cap   over my eyes.

I *pull*   my son   out of bed.

I *pull* out a decayed tooth.

= I draw a bad tooth. → I have a bad tooth pulled out.

 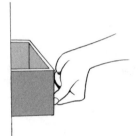

I *pull* out a drawer.

= I draw out a drawer.

I *pull* out a hair from my head.

I *pull* out	the nail	from the table.

= I remove the nails from the table.

 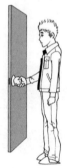 

I *pull*	the door	open.

↔ I pull the door shut.

I *pull* out	the splinter	from my finger.

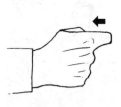 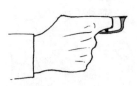 

I *pull*   the trigger   of the gun.

punch

to perforate or make with a punch.

I *punch*   a hole   in the paper.

I *punch*   the man   on the chin.

push

to move an object by pushing.

I *push*   my car   to start the engine.

I *push*   the bell.

= I press the bell.

I *push*   the door   open.

↔ I push the door shut.

I *push*   the man   away.

I *push*   to my feet.

put

to place in a specified position.

He *puts*   some books   in a box.

198

He *puts* on   **his shoes.**

= He puts his shoes on.

I *put*   **a kettle**   **on a fire.**

I *put*   **a ring**   **on my finger.**

→반지를 낀 상태는 I wear a ring on my finger. = I have a ring on my finger.

I *put*   chairs   around the tree.

I *put* face powder   on my face.

I *put*   flowers   in a vase.

I *put* my book down on the table.

I *put* my hair up.

I *put* my hand on my forehead.

I _put_ on

my gloves.

= I pull on my gloves.

I _put_ lipstick

on my lips.

= I apply lipstick on my lips.

I _put_ on

my clothes.

→ 옷을 입은 상태는 I wear my clothes.

I *put* out a fire   with water.

I *put* soap   on the washcloth.

I *put*   some medicine   on my injured arm.

= I apply some medicine to my injured arm.

I *put* the nails · in the table · with my hammer.

I *put* · the sand · into a sack.

I *put* these buttons · on my sweater.

I *put*   the stopper   on a bottle.

I *put*   the things   in alphabetical order.

I *put*   the two parts   apart.

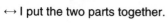
↔ I put the two parts together.

I *put* up   curtains   at a window.

= I hang curtains at a window.

I *put* up   a placard.

낯선 문장이라고 그냥 넘어가면 나중에 봉변당한다!

많은 사람들이 낯선 문장이나 조금 어려운 문장이 나오면, 일단 넘어간다. 나중에 보면 쉽게 느껴지리라 기대하면서. 하지만 천만의 말씀이다. 한 번 낯설고 어려운 문장은 나중에 봐도 여전히 낯설고 어렵다. 그리고 문장이 낯설게 느껴지는 건 내가 자주 접해 보지 않았기 때문이다. "I love you"는 쉬운데, "There you go"가 낯선 것도 같은 이유다. 같은 세 단어로 구성된 문장이 이렇게 다르게 다가오는 것은 자신의 책임이다. 나중에 나오면 또 당황하지 말고, 처음 보는 낯선 문장도 철저히 내 것으로 만들어라.

raise

to elevate, lift. to cause to arise or appear.

He *raises*   the window.

= He pushes the window up.

I *raise*   a bank.

= I build the bank higher. = I make the wall higher.

I *raise*   my hat   in greeting.

I *raise*   my voice.

= I lift my voice. ↔ I lower my voice.

I *raise*   the flag.

| I *raise* | the flap of the tent | and look in. |

remove

to move from a position occupied. to convey from one place to another.

| I *remove* | a desk | to another room. |

I *remove* the pit   from a peach.

= I pit a peach.

I *remove*   a name   from a list.

한영사전, 그 위험한 유혹에서 벗어나자!

한 마디로 한영사전은 영어 회화의 적이다. 지금은 많이 나아졌다고는 하지만, 대부분의 한영
사전이 일본어판을 그대로 중역한 것이라 영어의 뉘앙스와 느낌을 충분히 전달하지 못하고
있기 때문이다. 그래서 한영사전에 충실해 회화를 하다보면, 콩글리쉬가 되거나 상대방의 말
을 전혀 이해하지 못하는 상황이 종종 발생한다. 다시 한 번 강조하지만, 모든 단어는 독립적
으로 암기해야 하는 것이 아니라 그 단어가 쓰인 문장에서 뜻과 느낌, 뉘앙스를 온몸으로 느
껴야 하는 것이다. 그래야 외국인들이 당황하지 않는 정확한 영어를 구사할 수 있게 된다.

rest

to refresh oneself. to sleep. to remain temporarily quiet or inactive.

I *rest*   a ladder   against a wall.

= I prop a ladder against a wall.

I *rest* my head   on a pillow.

= I use my pillow. = I lay my head on a pillow.

 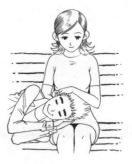

I *rest* my head   on(in) her lap.

= I lay my head on(in) her lap. = I pillow my head on(in) her lap.

ring

to form a ring.

I *ring*   for a bellboy.

The alarm clock

is *ringing*.

= The alarm clock is going off.

I *ring*

at the front door.

영어 공부를 할 때는 모든 감각을 총동원!

외국어 공부를 할 때는 내 몸의 모든 감각이 깨어 있어야 한다. 단지 눈만 움직인다거나, 귀만 혹사한다거나, 손만 빠질 듯이 열심히 움직인다면 아무 소용이 없다는 뜻이다. 눈으로는 문장을 보고, 입으로는 그 문장을 큰소리로 발음하고, 손으로는 그 문장을 반복해서 쓰고, 머릿속에서는 끊임없이 이미지 메이킹이 이루어져야 한다. 물론 귀는 내 발음을 놓치지 않고 정확히 들어야 한다. 이렇게 오감이 총동원된 상태에서 학습이 이루어진다면, 영어가 정말 내 몸에 착 붙는다는 것을 느낄 수 있다. 내 몸에 붙는 영어 - 상상만으로도 행복하지 않은가?

영어로 된 명연설문은 한 번쯤 봐야 한다?

영어를 잘하고 싶은 사람들이 가지는 생각에는 큰 차이가 없다.

1. 쉬운 문장보다는 어려운 문장을 공부해야 한다.
2. 쉬운 문장만 하다보면 어려운 문장은 결코 하지 못한다.
3. 어려운 문장을 하다보면 쉬운 문장은 자연히 된다.
4. 일상 회화보다는 CNN 같은 방송을 자주 듣고 따라해야 한다.

하지만 이런 생각을 가진 사람들도 막상 공부를 시작하면 곧 어려움에 부딪히게 된다. 쉬운 문장을 제대로 해놓지 않고 어려운 문장에 들어가면 그 문장이 어떻게 구성되었는지 감조차 잡을 수 없기 때문이다. 어려운 문장은 갑자기 하늘에서 떨어진 것이 아니라 아주 간단한 문장에서 발전된 형태라는 사실을 잊어서는 안 된다.

만일 많은 영어 학습자들이 갖고 있는 생각이 맞는다면 우리는 초등학교를 건너뛰어서 곧바로 중학교나 고등학교에 들어가는 것이 유리하며, 이 과정을 마치면 쉬운 초등학교 수준은 자연히 잘해야 한다. 그렇다면 우리는 왜 굳이 초등학교를 다니는 것일까?

그 이유는 너무나 간단하다. 초등학교를 마치지 않으면 중학교 단계에서 이루어지는 학습을 전혀 받아들일 수 없기 때문이다. 초등학교에서 배우는 것들이 단순하고 기초적인 것들이긴 하지만, 더 어려운 것을 배우기 위한 좋은 밑바탕이 된다. 국어·수학·과학·역사·체육 등등의 밑바탕이 형성되면, 중학교에 가서도 그리고 고등학교에 가서도 더 새로운 것을 편안하고 자연스럽게 받아들일 수 있는 것이다. 이것이 일반적으로 행해지는 학습 단계로, 영어 학습 측면에서 정리해 보면 다음과 같다.

1. 쉬운 것에서부터 시작해 차차 어려운 것을 찾아 익힌다.
2. 쉬운 문장을 통해 어려운 문장을 익힐 수 있는 실력을 쌓는다.
3. 쉬운 문장 속에 어려운 문장을 이해할 수 있는 해답이 들어 있다는 사실을 잊지 않는다. 아무리 긴 문장이라도 결국 짧은 문

장들이 모여 이루어진다.

영어를 너무 쉽게 포기하거나 영어가 어렵다고 말하는 사람들은 어려운 문장으로 시작해 단시간 내에 영어를 끝내겠다는 잘못된 생각을 가지고 있는 경우가 많다. 영어도 우리말과 같은 언어다. 따라서 자신이 우리말 학습을 어떻게 어떤 방식으로 했는지를 잘 생각해 보면 영어 공부에 대한 편견과 오해를 쉽게 찾아내고 해결할 수 있을 것이다.

우리말과 영어를 모국어와 외국어로 구분해서 생각하는 사람과 모두 같은 언어라고 생각하는 사람의 영어 학습법은 엄청난 차이가 있으며, 그 결과 또한 매우 큰 차이를 보인다는 사실을 잊지 않길 바란다.

rinse

to wash lightly. to remove with water.

I *rinse* laundry

in the water.

I *rinse* the soap

out of my head.

rise

to get out of bed. to move from a lower to a higher position.

I *rise*

early in the morning.

= I get up early in the morning.

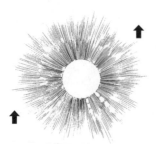

The sun *rises*

from behind the mountains.

run

to move on foot at a pace faster than the walk.

Blood is *running*

from my nose.

My nose

is *running*.

I *run* a car   into a garage.

I *run*   at full speed.

= I dash at top speed.

I *run*   all the way   to school.

I *run*

before the people.

I *run*

NURSE!

for the nurse.

I *run*

through the crowd.

The color of the paper *runs* in water.

The fire *runs* along the street.

The path *runs* across the forest.

The pot on the fire   is *running* over.

The river *runs*   into the sea.

This train *runs*   between Seoul and Daegu.

rush

to move or act swiftly. to hurry.

I *rush*

= I rush to pick up the phone.

to get the phone.

I *rush*

to get the door.

224

saw

to cut with or as if with a saw.

I *saw*

a log

into boards.

= I saw boards out of a log.

I *saw* down

the trees

around my house.

I *saw* the towel   across my back.

scatter

to distribute loosely by sprinkling for strewing.

I *scatter*   seeds   over the fields.

I *scatter*   sand   on an icy road.

screw

to turn or twist.

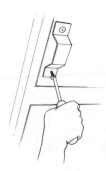

I *screw*   on a knob   on the door.

I *screw*   the top   off a bottle.

↔ I screw the top onto a bottle.

I *screw*   the bolt   to the right.

준비 없는 어학연수? 백전백패!

어학연수의 목적은 영어 환경에서 영어를 이해하고 실력을 키우는 데 있다. 많은 사람들이 이런 목적을 품고 영미권으로 떠나고 있다. 하지만 우리 주변을 돌아보자. 6개월 내지는 1년 연수를 다녀와서 영어를 잘하는 사람이 과연 몇이나 되는가? 거의 없다. 그 이유는 영어 공부를 위한 아무런 준비도 없이 국내 외국어 학원과 비교해 결코 나을 것이 없는 현지 학원으로 무턱대고 뛰어들기 때문이다. 철저한 준비와 기초 영어 실력 없이 떠나는 어학연수는 그야말로 외화낭비다. 자신이 알고 있는 것을 십분 활용할 수 있는 장, 그것이 바로 어학연수다.

set

to put in a specified position or state. to put into a stable position.

I *set* my clock by the time signal on the radio.

I *set* my dog loose.

→ I set the man free.

I *set* my watch
5 minutes fast.

↔ I set my watch 5 minutes slow.

I *set* the alarm clock
for seven thirty.

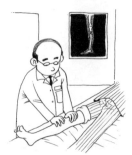

The doctor *sets*
a broken bone.

I *set*　　　　　the pole　　　　in the snow.

= I plant the pole in the snow.

shake

to move or cause to move to and fro with short jerky movements.

I *shake*　　　　　a blanket.

= I beat a blanket.

I *shake*   a stick   at the dog.

I *shake*   chestnuts   off a tree.

I *shake* hands   with her.

I *shake* him   out of his sleep.

I *shake*   with cold.

= I tremble with cold.

My voice *shakes*   whenever I see her.

The trees *shake*   in the wind.

share

to divide and parcel out in shares.

I *share* my bed   with my brother.

I *share* my umbrella   with my girl friend.

shave

to remove (the beard or other body hair) from with a razor.

I *shave*   my chin.

I *shave*　　the skin of a chestnut　　with a knife.

I *shave*　　　　　　wood.

영영사전에 나와 있는 단어도 이미지 메이킹하자!

간혹 어떤 사람들은 영영사전이 영어 실력 향상에 도움이 된다는 얘기를 듣고 영영사전을 보는데, 이때 영영사전에 나오는 모르는 단어들을 찾는다며 영한사전도 열심히 뒤적인다. 이러면 아무런 소용이 없다. 오히려 시간 낭비만 되는 셈이다. 그럼 어떡해야 할까? 간단하다. 영영사전에 나온 의미들도 이미지 메이킹하는 것이다. 즉 만일 어떤 단어의 뜻을 알고 싶어 영영사전을 찾는다면, 그 찾은 단어의 의미를 머릿속에 이미지 메이킹해 두자. 그리고 여러 뜻이 있다고 해도 미련 없이 사전을 덮자. 또 다른 의미는 다음에 또 찾을 기회가 있을 테니.

shove

to push forcefully or rudely.

I *shove*

a boat

into the river.

I *shove*

the drunk

off the road.

shut

to move (a door, lid, valve and so on) into closed position.

I *shut* the door

behind her.

The door *shuts*

badly.

sit

to rest with the body supported on the buttocks or hindquarters.

I *sit*   on a chair.

= I take a chair. = I sit in a chair.

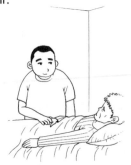

I *sit* up   with a patient   all through the night.

= I attended on a sick person all through the night.

They *sit*   facing each other   across the table.

= They sit facing each other with a table between.

sleep

to be in a state of sleep.

I *sleep*

under a blanket.

I *sleep*

= I sleep like a baby.

like a log.

I *sleep*

= I sleep on my stomach.

on my face.

I *sleep*

= I sleep the clock round.

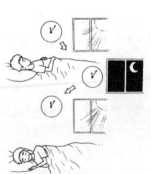

around the clock.

I *sleep*   with my clothes on.

↔ I sleep with my clothes off.

I *sleep*   with my head on the arm.

문장 사전을 제대로 활용하면 영어의 달인이 된다!

다시 한 번 강조하지만, 우리에게 필요한 것은 영어의 뉘앙스를 무시한 한영사전이 아니다. 모든 단어는 문장 속에서 제 구실을 하게 되므로 우리에게 필요한 것은 사실 문장 사전이라 할 수 있다. 물론 이 문장 사전은 말 그대로 문장을 다루는 것이기 때문에 정확하면서도 생생한 문장 선택이 관건이다. 이런 점에서 문법 원칙에 맞게 또는 간단한 인사를 반복해서 다루고 있는 기존의 회화 사전도 별 도움이 되지 않는다. 영어의 달인이 되고 싶은 사람에게 정말 필요한 것은 생생한 표현이 계속 업데이트되고, 뉘앙스를 100% 살린 '전자 문장 사전'이다.

spit

to eject from the mouth. to eject as if by spitting.

I *spit* out   gum   on the floor.

I *spit*   at the dog.

= I spit on the dog.

The kettle on the stove *spits*   boiling water.

spray

to disperse (a liquid) in a spray. to apply a spray to (a surface).

I *spray*   insecticide   upon flies.

I *spray*   paint   on the wall.

= I spray the wall with paint.

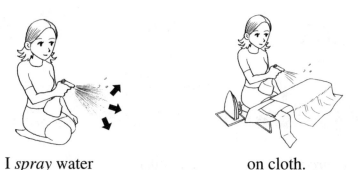

I *spray* water   on cloth.

영어는 하루아침에 벼락치기로 되는 것이 아니다!

우리도 우리말로 완벽하게 의사표현을 하기까지 참 오랜 시간이 걸렸다. '엄마, 아빠' 라는 말에서부터 '안녕하세요', '감사합니다' 라는 말을 하기까지 얼마나 많은 시간이 걸렸던가? 이렇게 배운 수많은 단문들이 모이고, 책을 보고, 또 많은 사람들과 이야기를 나누면서 우리의 의사표현도 훨씬 자연스러워진 것이다. 영어도 우리말과 결코 다르지 않다. 일정한 단계들을 거쳐야 우리가 원하는 경지가 된다는 뜻이다. 우리말과 같은 영어를 하루아침에 잘해보겠다며 이상한 비법만을 찾는 사람이 아직 있다면, 제발 참아달라는 당부를 하고 싶다.

spread

to open or be extended more fully. to stretch.

I *spread*　　　　a blanket　　　　on the bed.

I *spread* butter　　　　on the bread.

I *spread* out   my arms.

→ I spread out my legs.

The bird *spreads*   its wings.

My mother *spreads*   a blanket   over the sleeping baby.

= My mother puts a blanket over the sleeping baby.

sprinkle

to scatter in drops or small particles.

I *sprinkle* salt

on the vegetables.

I *sprinkle* water

on the street.

squeeze

to press together. to exert pressure.

I squeeze

juice

out of oranges.

I squeeze

my clothes

into a small bag.

I *squeeze*   some grape juice   into a glass.

I *squeeze*   the person's hand.

I *squeeze*   toothpaste   out of a tube.

stamp

to bring (the foot) down forcibly. to thrust the foot forcibly downward.

I *stamp*   an ant   to death.

I *stamp* out   the cigarette   with my foot.

I *stamp*   the letters   with a seal.

stand

to take an upright position on the feet.

I'm *standing*   with a pencil   in my hands.

I'm *standing* with a pencil behind my ear.

= I'm standing holding a pencil behind my ear.

I *stand* at attention. I *stand* at ease.

I *stand* in the doorway with my arms folded.

I *stand*

on my two hands.

I *stand*

on tiptoe.

I *stand*

the bookshelf

by the window.

I *stand*

the ladder

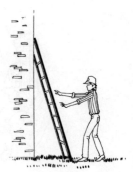

against the wall.

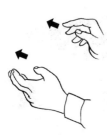

I *stand*

the slippers up

to let them dry.

I *stand* up

to give my seat

to an old lady.

I was *stood* up.

= She stood me up.

My house *stands* apart from the others.

The man is *standing* with a stick in his hand.

stay

to remain in a given place or condition. to wait.

I *stay*

↔ I stay inside.

outside.

I *stay* up

= I sit up till late at night.

till late at night.

단어냐 문장이냐, 이것이 문제로다?

초등학교에 들어가자마자 한글을 배웠던 기억이 난다. 그리고 교과서에서 제일 먼저 접했던 '철수야 놀자. 영희야 놀자. 바둑아 놀자'라는 문장이 생각난다(얼마나 놀고 싶었으면). 숙제로 8절지 갱지 가득 이 문장들을 써 갔었는데…….

이렇듯 우리는 우리말을 익힐 때 먼저 문장을 배우고, 그 문장 안에서 단어들을 배워 나갔다. '철수야 놀자. 영희야 놀자. 바둑아 놀자'라는 문장 안에서 '철수 · 영희 · 바둑이 · 놀자'라는 단어를 배운 것이다. 여기에서 알 수 있는 것처럼, 언어 학습의 기본 요소는 단어가 아니라 바로 문장이다.

초등학교 국어 교과서에는 그림도 많았다. 철수와 영희가 바둑이를 데리고 놀러가는 그림이 아직도 생생하다. 이것이 곧 이미지 메이킹이라고 보면 된다. 중학교에 들어가면 국어 문법이라는 것을 처음 접하게 된다. 그리고 고등학교에 가면 작문을 하게 된다. 문장을 좀더 체계

적으로, 정확하게 쓰기 위한 훈련인 것이다.

　그렇다면 이러한 우리말 학습 과정을 바탕으로 영어 학습 과정을 살펴보자. 필자는 중학교 1학년 때 처음 영어를 접했다. 이때부터 영어 문장을 써 본 기억은 거의 없고, 노트에 영어 단어와 우리말 뜻을 수십 번 써 간 뒤 검사를 받았던 기억은 아직도 생생하다. 그리고 교과서에 나온 본문은 대부분 선생님이 읽어주셨는데, 이 본문도 영어 문법을 설명하기 위한 도구에 지나지 않았다.

　이렇듯 우리는 영어를 처음 접함과 동시에 영어 문법을 배우기 시작했다. 그렇다면 우리가 우리말을 배울 때는 왜 문법부터 시작하지 않았을까? 이유는 간단하다. 자신의 의사를 정확하게 표현하지 못하는 초등학교 1학년생이 문법을 이해할 리 없기 때문이다. 그럼 우리는 왜 영어로 의사 표현도 제대로 못하면서 문법부터 공부하는 것일까? 다 큰 성인이기 때문에? 그렇다면 수영 강사는 어린이는 물장구부터 치게 하고 성인은 아주 화려한 다이빙부터 가르쳐야 하지 않을까? 피아노 강사는 어린이는 건반 집는 것부터 가르치고 성인은 쇼팽이나 베토벤 같은 명곡들을 먼저 가르쳐야 하지 않을까? 하지만 어느 곳에 가든 이런 식의 학습은 절대 이루어지지 않는다.

그렇다면 왜 유독 영어에서만 이런 학습이 이루어지는 것일까? 우리말은 모국어고 영어는 외국어라는 이유 때문에? 다시 한 번 강조하지만, 모든 언어 학습은 모국어의 관점에서 이루어져야 한다. 모국어 개념으로 언어에 접근하면 그 어떤 언어도 모국어가 될 수 있다. 하지만 외국어 개념으로 접근한다면 모든 언어가 쉽게 정복할 수 없는 어려운 과제가 되어 버린다. 영어도 마찬가지다.

요즘 아이들은 영어를 처음 접할 때 우리말처럼 먼저 이미지와 소리로 접하게 된다. 마치 우리가 우리말을 처음 시작했을 때처럼 말이다. 이러한 방식으로 영어를 습득한 아이들은 꾸준히 노력만 한다면 영어를 제2모국어 수준까지 끌어올리는 것이 가능하다.

성인도 마찬가지다. 우리가 우리말을 받아들일 때의 순서대로 영어를 받아들인다면, 영어를 제2모국어라고 할 수 있을 정도로 유창하게 말할 수 있다. 이것은 100% 경험자의 조언이니, 결코 의심하지 마시길…….

영어 학습에 대한 의식의 전환이 이루어졌다면, 그 다음 가장 중요한 것은 우리가 국어를 이미지 메이킹했듯이 영어를 이미지 메이킹하는 것이다.

'사과'는 그냥 '사과'이듯이 'apple'은 그냥 'apple'이다. '사과'는 'apple'이 아니고 'apple'은 '사과'가 아니라는 뜻이다. 너무 철학적이라고? 절대 그렇지 않다. 이 책을 통해 이미지 메이킹의 기초를 다진다면 이 말의 뜻을 자연스럽게 알게 될 것이다.

step

to put or press the foot down. to shift or move by taking steps.

I *step*

→ I step back. → I step forward.

aside.

I *step*

into the room.

I *step*   on someone's foot.

stick

to pierce, puncture with a pointed instrument.

A snail *sticks*   to the wall.

I *stick*   a bill   on the wall.

I *stick*   a flower   in my hair.

I *stick*   a needle   into cloth.

I *stick* my hand   in my pocket.

= I put my hand in my pocket.

The stick is *stuck*   in the hole.

영어로 말할 때 목소리가 달라지는 것은 당연!

우리말을 영어 발성 원칙에 맞게 발음하는 외국인을 만났다고 생각해 보자. 우리는 결코 그가 우리말을 잘한다고 생각하지 않을 것이다. 그리고 그가 말하는 내내 그의 발음 때문에 불안할 것이다. 즉 모든 것에는 기본 원칙이 있으며 영어 발성도 예외가 아니라는 말씀! 영어에는 배에 힘을 주고 공기를 힘있게 내뱉어야 하는 발음이 많다. 이 원칙에 충실해서 발음을 하다보면 당연히 우리말을 할 때와 목소리가 달라진다. 목소리 톤이 낮아지면서 조금 굵은 소리가 나는 것이다. 이런 변화는 매우 긍정적이다. 외국인과 비슷하게 발음하고 있다는 증거니까.

stretch

to lengthen, widen by pulling.

I *stretch* myself

with a yawn.

I *stretch*

for the book

on the bookshelf.

I *stretch* out   on the bed.

take

to get possession of. to grasp with the hands.

He *takes* off   his shoes.

= He takes his shoes off.

He *takes*   some books   out of the box.

I *take* a nap   at noon.

= I have a nap at noon.

I *take*   a pen   in my hand.

I *take* a walk   with a newspaper   in my hand.

I *take*   a ring   off my finger.

I *take*   a pee.

= I have a pee. = I have a leak.

I *take* down   a book   from a bookshelf.

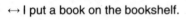
↔ I put a book on the bookshelf.

I *take* in   the washing.

= I bring in the washing.

I *take*   hairpins   out of my hair.

I *take* off   my clothes.

I *take* off   the glasses.

= I remove the glasses.

I *take*   the book   off the bookshelf.

| I *take* | the buttons | off my sweater. |

| I *take* | the kettle | off the stove. |

| I *take* | the lid | off a box. |

Let's *take* the floor.

= Let's dance. = Let's hit the dance floor.

talk

to speak. to articulate words.

I *talk* in my sleep.

= I talk while asleep.

I *talk*   to her   in a loud voice.

↔ I talk to her in a low voice.

tangle

to mix together in a confused mass.

I *tangle*   my hair.

My hair is *tangled* with small branches.

= My hair gets tangled with small branches.

The wind *tangles* my hair.

외국에서 공부한 사람들의 학습법? 글쎄……!

외국에서 공부하고 온 사람들이 거의 공통적으로 하는 말이 있다. "무조건 많이 들어라. 듣다 보면 언젠가는 들릴 것이다." 이 말은 정말 외국에서 공부하는 사람들에게만 적용된다. 여기 저기에서 영어만 들리는데 어떻게 안 들을 수 있겠는가. 그리고 영미권 사람에게는 당연히 영어로 말할 테고, 그러다 보면 영어가 늘지 않겠는가. 하지만 우리말이 온 세상을 덮고 있는 이 땅에서는 이 말이 결코 성립될 수 없다. 차라리 "무조건 많이 말하라. 말하다 보면 언젠가는 들릴 것이다"라는 말이 설득력이 있다.

there

There are rough places   on the road.

There are some houses   along the river.

276

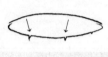 

There is a chip   in the glass.

There is a picture   on the wall.

There is a sore place   in my back.

throw

I *throw*   a bone   to a dog.

= I throw the dog a bone.

I *throw*   a stone   at the window.

I *throw*   a thief   into prison.

I *throw*   my books   about.

I *throw*   her   a rope.

= I throw a rope to her.

I *throw* out   my chest.

= I straighten myself up. = I draw myself up.

I *throw*   some wastepaper   into the wastebasket.

I *throw*   the dirty clothes   in the washing machine.

She *throws* her arms   around my neck.

toss

to throw lightly. to throw or be thrown to and fro.

I *toss*   a broken pencil   into the wastebasket.

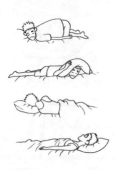 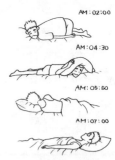

I *toss* and turn   all night long.

= I roll in bed all night long. ↔ I sleep soundly. = I sleep like a log.

I *toss*   a coin   to the beggar on the street.

I *toss*   a pancake   with a frying pan.

We *toss*   our friend   in a blanket.

tremble

to shake involuntarily, as from fear, cold, and so on.

I *tremble*   with fear.

My lips are *trembling*   in anger.

turn

to move around a center. to rotate.

 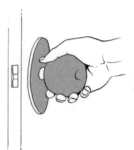 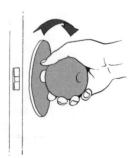

I *turn*   a doorknob   to the right.

I *turn*   a page.

I *turn* down   the volume of the television.

I *turn* my back   to her.

= I turn my back on her.

I *turn* my car

left.

I *turn* my head

around.

I *turn* my eyes

away from her.

 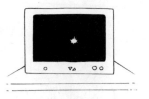

| I *turn* off | the TV. |

↔ I turn on the TV.

| I *turn* over | in my sleep. |

= I turn over in bed.

| I *turn* up | my nose. |

My hair

turns gray.

twirl

to rotate or revolve. to spin.

I *twirl*

a cane.

I *twirl*

my glasses.

Leaves

twirl.

회화 실력이 늘면 어휘력은 반대로 감소한다!

회화에 어느 정도 익숙해지면 나타나는 현상이 있다. 바로 어휘력의 감소다. 늘 사용하는 단어들로 이루어지는 일상 대화에만 충실하다 보면 이 과정을 피할 수 없다. 이때는 자신이 많은 단어를 알고 있다해도 특별한 모임이 아니고서는 써먹을 일이 없기 때문에 단어들이 차차 머릿속에서 떠나는 것이 당연하다. 따라서 이때부터는 자신에게 맞는 책을 읽는 것이 좋다. 소설도 좋고, 수필도 좋으니 자신이 좋아하는 분야의 영어책을 구입해 열심히 보는 것이다. 책에서 배운 지식을 일상 대화에서 활용할 수 있다면, 이것이 바로 그 유명한 일석이조?!

twist

to wind together (two or more threads) so as to produce a single strand.

I *twist*   a scarf   around my neck.

= I put a scarf around my neck.

I *twist*   my ankle.

I *twist*   his arm.

= I wrench his arm. = I give his arm a twist.

walk

to move on foot at a pace slower than a run.

I'm *walking*   on a wide street.

↔ I'm walking on a narrow street.

I'm *walking* with my friends arm in arm.

I *walk* along beside her.

I *walk* to the market.

wind

I *wind* up   a clock.

I *wind*   the thread   off the bobbin.

The road *winds* along the river.

wipe

to clean or dry by rubbing. to remove by rubbing.

I *wipe* a damp cloth over the table.

I *wipe* my eyes   with my hand.

I *wipe* my hands   on a towel.

I *wipe* up   spilt water   on the floor.

I *wipe* water off my face   with a paper towel.

zip

to become fastened or unfastened by a zipper. to move or act with speed or energy.

I *zip* up   my jacket.

I *zip*   my purse   shut.

↔ I zip my purse open.

I *zip* up   my mouth.

2. 상황 설명을 이용한 이미지 메이킹

상황 설명으로 이해하고 암기하는
실용 영어

I.M. English

이 장에서는 우리말 해석이나 그림 없이 이미지 메이킹을 하는 또 다른 방법 즉, '상황 설명'에 대해서 살펴보기로 하자.

앞에서 우리는 그림을 이용한 이미지 메이킹 방식을 익혔다. 물론 그림을 이용한 이미지 메이킹 방식은 영어 학습에 있어서 최선이다. 하지만 이 방식으로 영어 공부를 하다 보면, 어느 시점에서 한계를 느끼게 된다. 그림으로 연상이 잘 되지 않는 슬랭이나 관용표현이 나오면 난감해지는 것이다. 그래서 이런 표현들은 예외적으로 우리말 해석과 함께 외우는 사람이 많은데, 이렇게 되면 우리가 지금까지 한 이미지 메이킹 학습법이 도로아미타불이 되어 버린다. 이런 표현도 우리말의 간섭 없이 익혀야 한다는 뜻이다. 그럼 어떻게 해야 하느냐, 이때 필요한 방법이 바로 '상황 설명'이다.

'상황 설명' 방식이란, 말 그대로 영어 문장이 사용되는 상황을 먼저 읽고 그 상황에 해당되는 영어 문장을 익히는 것이다. 즉, 아무리 낯선 문장이라도 우리말의 간섭 없이 문장이 쓰이는 상황을 먼저 익힘으로써 그 문장이 어느 상황에서 어떻게 쓰이는지를 정확히 이해하는 방식이다.

방법을 살펴보면, 먼저 우리말로 되어 있는 상황 설명을 읽으면서 그 상황을 머릿속에 새겨 둔다. 그리고 그 상황에 나 자신이 있는 것처럼 생각한 뒤 영어 문장을 본다. 마지막으로 영어 문장을 보면서 머릿속에 새겨 둔 상황을 되새긴다. 끝!!!

처음에는 우리말 상황 설명과 영어 문장이 매끄럽게 연결되지 않을 수도 있다. 그림을 이용한 이미지 메이킹처럼 우리말이 자꾸 끼여들기 때문이다. 하지만 이 방법도 시간이 가면 갈수록 자연스럽게 익숙해지므로 조급하게 생각할 필요가 없다. 설령 모르는 단어가 문장 속에 포함되어 있다 하더라도 한숨짓지 마시라. 상황 설명과 문장을 통째로 연결해 익히게 되면 문장이 하나의 느낌으로 다가와 쉽게 이해할 수 있으니까.

이 책에서는 '상황 설명'이 모두 우리말로 되어 있는 1차 단계를 다루기로 한다. 상황 설명도 영어로 하는 것이 가장 좋은 방법이긴 하지만, 이렇게 갑자기 어려운 단계로 들어가면 영어가 넘을 수 없는 벽처럼 느껴질 수 있기 때문이다. 우선 1차 단계를 넘어서고, 그 다음 조금 자신감이 생기면 영어로 된 상황 설명을 읽으면서 문장들을 익히는 훈련을 하자. 영영사전으로 정확한 영어를 익히는 것처럼.

오늘은 수업이 달랑 한 시간밖에 없다. 게다가 날씨도 너무 좋다. 그래서 여자친구에게 전화를 걸어 당장 놀러가자고 했더니, 그럼 수업은 어떻게 할 거냐고 묻는다. 그래서 서슴없이 이렇게 대답했다가 여자친구에게 무지무지 혼났다.

I'm going to ditch my class today.

= I'm playing hooky.

= I'm going to cut the class today.

001

002

남대문 시장에 가면 흔히 들을 수 있는 말로, 이제는 서울의 명물이 되었다. 여기 저기 옷을 벌려 놓고, 손바닥을 치고 발을 구르며 힘차게 이렇게 외치는 사람들. 그 사람들 주위에는 여지없이 외국인들이 많이 몰려 있다.

Get your pick.
Make your choice.

만일 이 사람들이 Hotdog를 판다면 이렇게 외칠 것이다.

"Get your Hotdog pick."

또 하나의 시험이 끝났다. 다행히 예상했던 문제가 나와서 걱정했던 것보다 쉽게 끝낼 수 있었다. 그런데 옆에 앉은 친구의 표정이 심상치 않다. 그래서 시험이 어땠냐고 물으니, 그 친구는 고개를 절레절레 흔들며 침통한 표정으로 이렇게 말했다.

I blew the test.

= I bombed my final exam.

= I screwed up the test.

= I goofed on the test.

003

004

숙제를 안 해와서 두 시간 동안 무릎을 꿇은 채 벌을 받았다. 이제 들어가라는 선생님의 말씀을 듣고 일어서려는데, 발에 힘이 들어가지 않았다. 선생님은 꾸물거린다고 또 뭐라고 하시고, 나는 전혀 움직일 수가 없고……. 그래서 선생님께 이렇게 말했다.

My legs are asleep.

= My legs have gone to sleep.

= I have pins and needles in my leg.

= I've got a Charlie-Horse.

만일 준비운동을 확실히 하지 않은 채 수영장에 들어가 갑자기 다리가 당기고 움직일 수 없다면 이렇게 말한다.

"I have cramps in my leg" 또는

"My leg muscles are stiff."

시험 전에 아주 중요한 족보를 손에 넣었다. 다른 사람들이 알면 좋을 게 없으리라는 생각에 입을 꾹 다물고 있는데, 친구 녀석이 어떻게 알았는지 족보를 좀 보여달라는 것이다. 친한 친구라 거절할 수도 없고, 한 명쯤은 괜찮겠지라는 생각에 족보를 건네주며 이렇게 말했다.

What is said here, stays here.

= Keep this conversation between you and me.
= Keep this under your hat.
= Don't let the cat out of the bag.
= Let's keep it secret.
= This is between us.
= Don't spill the beans.

005

006

하루에도 몇 통씩 보내지도 못할 편지를 쓰는 그녀. 늘 먼발치에서 한 사내를 바라보는 그녀의 눈빛이 오늘도 애처롭다. 속시원히 사랑 고백을 하라고 충고했지만, 그녀는 그 남자가 자신의 사랑을 받아주지 않을 거라며, 바라보고 있는 것만으로도 행복하단다. 요즘 그녀는 이것을 하고 있는 것이다.

She is in love without return.

= Her lover for him is unrequited.
= She is still carrying the torch for him.
= She has loved him from a distance.

꾕장히 무더운 어느 날. 편의점 파라솔에서 친구들과 갈증 해소를 위해 맥주를 한 잔씩 하기로 했다. 병따개로 맥주를 따르는데 이상하게 아무런 소리도 들리지 않는 것이 아닌가. 펑 소리는 고사하고, 김빠지는 소리만 나더니 맛도 형편없었다. 그래서 편의점 점원에게 이렇게 말하며, 맥주를 바꿔 달라고 했다.

This beer has gone flat.

= This beer has gone stale.

= This beer went flat.

flat은 여러 가지 의미로 쓰이는데, "She is flat"은 여자의 몸매, 즉 가슴 부분을 표현하는 말이다. 평상시에 쓰기에는 좀 그렇지만 재미있는 표현이라 참고로 알아두라고 적어 본다.

007

008

비싼 옷은 유지 보관 비용도 배로 든다. 항상 드라이 클리닝을 해야 하고 다림질도 꽤 까다롭기 때문이다. 그래서인지 알뜰하신 우리 엄마는 디자인과 함께 실용성이 높은 옷을 주로 선택하신다. 옷을 살 때면 항상 점원에게 이렇게 물어보시는 우리 엄마.

Can I wash it by hands?

= Is it washable?

택배회사에서 집 위치를 묻는 전화가 왔다. 지금 어디쯤 있냐고 물으니 집에서 가까운 거리다. 걸어서 한 1분 정도. 택배회사 직원이 지금 자기가 있는 위치에서 우리 집이 머냐고 묻는다. 그래서 나는 아니라는 의미로 이렇게 말했다.

My house's a stone's throw away.

= My house's at a stone's throw.

= My house is only a step away.

= My house's just around the corner.

= I live a stone's throw away from here.

009

010

우리는 보통 거리를 얘기할 때 시간 개념을 사용한다. 즉 정확히 몇 킬로미터 떨어져 있다가 아니고, 여기에서 몇 시간, 몇 분 거리에 있다고 말하는 것이다. 따라서 어느 정도 시간이 걸리는지만 알아도, 얼추 그 거리를 환산할 수 있다. 그렇다면 시간 개념으로 거리를 나타내는 일상적인 표현을 익혀 두자.

It's about a ten minutes' ride.

(It's about a ten-minute walk. / It's a 15-minute ride. / It's about a 5-minute-walk away from here. / I live 30 minute-walk away from my school.)

단 '이 있는 것과 없는 것에는 minute에 s가 붙나 안 붙나를 유심히 살펴봐야 한다. 걸어서 갈 수 있는 거리인지를 물을 때는 "It is within walking distance?"라는 표현을 사용한다.

친구와 스타벅스에 갔다. 그런데 맞은편에 앉아 있는 여자가 보통 신기한 게 아니다. 화장은 괴기영화 조연급, 옷은 완전히 공주과, 게다가 옆에 있는 남자는 꼭 산적처럼 생겼다. 그래서 그 여자를 가리키며 친구에게 웃기게 생긴 여자가 있다고 했더니, 그 친구가 손으로 내 입을 막으며 이렇게 말하는 것이다.

She is within earshot.

011

012

명품을 진짜, 정말, 왕 많이 좋아하는 친구가 있다. 백화점과 로데오 거리를 활보하는 모습이 마치 재벌가 막내아들 같다. 하루는 도대체 어디에서 돈이 나서 이런 물건들을 사냐고 물으니, 그 친구는 나만 알고 있으라며 지갑 속에 들어 있는 여러 장의 신용카드를 보여 주었다. 매달 카드를 돌려 막으며 산다는 친구. 나는 그 친구의 머리를 세게 치며 이렇게 소리쳤다.

Stay within your budget.
= Stick to your budget.
= Keep your place.

무더운 여름날, 가만히 있어도 땀이 줄줄 흐를 정도다. 친구가 더워나 식히러 가자길래 무작정 따라나섰다. 그런데 보기만 해도 더운 삼계탕 집으로 들어가는 것이 아닌가. 팥빙수를 먹어도 시원찮을 판에 웬 삼계탕이냐고 물으니, 그 친구는 이런 고사성어를 사용했다.

013

Like cures like.

014

옆집 아저씨는 그야말로 쫀쫀함의 대명사다. 사사건건 물고늘어지는 데다 작은 일에도 싸움걸기 일쑤라 동네에서 악명이 높다. 그런데 문제는 그 아저씨의 아들도 똑같다는 것이다. 별일도 아닌데 핏대를 높이고 시비를 거는 그 아들을 볼 때마다, 동네 사람들은 혀를 차며 이렇게 말한다.

Like father, like son.

대학생이 되면 부전공을 선택할 수 있다. 전공뿐 아니라 관심이 있는 다른 분야를 심도 있게 배울 수 있는 기회가 주어지는 것이다. 전공을 영어로는 "I'm majoring in English"라고 표현한다. 그리고 부전공은 이렇게 표현하면 된다.

I'm minoring in Korean.

015

016

악몽과도 같은 시험 기간. 학점을 위해서 이 기간에는 어떻게든지 도서관에서 공부를 해야 한다. 그런데 모두들 내 마음과 똑같아서인지 조금만 늦어도 도서관에 자리가 없다. 다른 사람들에 비해 집이 멀다는 핸디캡을 가진 나로서는 친한 친구의 덕을 좀 보는 수밖에 없다. 학교 앞에서 자취를 하는 친구에게 점심을 사주며 이렇게 말했다.

Can you save my place(seat)?

= Can you hold my place?

드디어 가장 까다로운 전공 시험 날. 왜 그랬는지 공부를 전혀 하지 않다가 어젯밤에 간신히 족보를 훑어봤다. 별로 바쁜 일도 없었는데, 이렇게 중요한 시험도 벼락치기를 하다니……. 잠을 한숨도 못 자 벌겋게 충혈된 눈을 하고 학교에 갔더니, 요즘 유행하는 아폴로눈병이 아니냐며 난리법석이다. 그래서 난 하품을 하며 이렇게 말했다.

I stayed up all night cramming.

017

018

무더운 여름, 여자친구와 데이트를 하기로 했다. 속시원한 액션 영화를 보기로 했는데, 시간이 다 되도록 나타나지 않는 것이 아닌가! 5분만 더 기다리자고 마음먹고 서 있는데, 저기에서 여자친구가 뛰어오는 모습이 보였다. 무더운 날에 뛰어서 그런지 피부도 들뜨고, 마스카라도 번져 있는 친구. 다른 사람들이 보기 전에 얼굴을 살짝 가리며 이렇게 귀띔해 주었다.

You need to fix your make-up.
= You need to fix your face.
= You need to check your make-up.

친구와 버스를 타고 가는데 옆에 앉은 여자의 화장이 정말 장난이 아니었다. 버스가 급정거하면 가면처럼 홀러덩 벗겨질 것 같기도 하고, 손톱으로 긁으면 고속도로가 생길 것 같기도 한 그런 상태였다. 나와 내 친구는 서로 마주보며 이렇게 속삭였다.

She wears heavy make-up.

= She wears a thick make-up.

↔ She wears light make-up.
= She wears a little make-up.
= She wears a thin make-up.

019

020

여자 동기 중에 유행에 굉장히 민감한 애가 있다. 옷이면 옷, 소품이면 소품, 유행을 알고 싶으면 그 친구를 보기만 된다. 도대체 그런 것들을 어디에서 구하는지 궁금할 정도다. 그 친구가 유행을 지나치게 따라해도 아무 말 할 수 없는 이유는, 하는 족족 정말 잘 어울리기 때문이다. 늘 유행을 쫓는 그녀의 스타일을 두고 우리는 이렇게 표현한다.

She always wears what is in fashion.

친구들과의 도보여행. 그런데 걷는 것에 익숙하지 않아서인지, 얼마 못 가 한 발짝도 떼지 못할 정도로 지쳐 버렸다. 지나가는 차라도 얻어 타고 싶었지만, 거지 행색의 우리를 태워 줄 리 만무했다. 그때 미모의 한 후배가 벌떡 일어서더니, 요염한 자태로 지나가는 운전자들을 유혹하는 것이 아닌가! 거짓말 안 하고 차 10대가 줄지어 섰다.

021

She will use her beauty.

022

여자친구와 티셔츠를 고르는데, 여자친구는 자꾸 보라색 계열을 입어보는 것이다. 내가 안 어울린다고 하니, 이번에는 노란색! 아무 말도 하지 않은 채 인상만 찡그렸다. 나는 그녀가 빨간색 옷을 입을 때가 가장 아름다워 보인다. 잠시 뒤 여자친구가 빨간색 티셔츠를 들어 보이며, 이건 어떨까라고 물었다. 나는 환한 미소와 함께 엄지손가락을 세워 보이며 이렇게 말했다.

You look good in red.

옷가게에서 정말 마음에 드는 바지를 하나 발견했다. 점원에게 30사이즈를 달라고 한 뒤 그냥 계산을 하려고 하니까, 친구 녀석이 안 입어볼 거냐고 묻는다. 됐다고 하니까, 작거나 안 어울리면 어떡할 거냐며 자꾸 입어보고 사라고 난리다. 맞는 말인 것 같아 옷을 집어들고 점원에게 이렇게 물었다.

Where is the fitting room?

= Where is the dressing room?

길을 걷고 있는데, 앞에서 걸어오는 사람의 상체가 좀 어색해 보였다. 자세히 보니 내 티셔츠와 똑같은 걸 입었는데, 옷의 앞뒤가 바뀌어 있는 것이 아닌가! 원래 뒤에 그림이 크게 들어간 옷인데, 그 사람은 그 그림이 앞으로 오게 입고 있었다. 나오는 웃음을 간신히 참으며 지나가는데, 오히려 그 남자가 나를 보며 박장대소했다. 사실을 알고 나면 얼마나 창피해하려고……

He is wearing his clothes on backwards.

"He is wearing his clothes on inside out"은 옷의 실밥이 밖으로 나오게 입은 것이다. 즉 안과 밖을 바꾸어 입었을 때 이렇게 표현한다.

외국인 친구가 집에 놀러왔다. 한국 가정을 꼭 방문해 보고 싶다는 얘기를 듣고 흔쾌히 초대한 것이다. 인사를 하며 집안으로 들어서던 그 친구는 현관 앞에 놓인 신발을 보고 당황하는 눈치였다. 실내에서도 신발을 신는 나라에서 왔으니 그럴 수밖에. 그래서 우리나라에서는 실내에서 신발을 신지 않는다고 설명한 뒤 이렇게 덧붙였다.

025

Take off your shoes here, please.

"He kicks off his shoes."
이 문장은 신발을 마치 발로 차듯이 벗는 것을 의미한다. 알아두면 활용하기에 아주 좋은 표현이다.

026

오늘은 조카의 소풍날. 그런데 새벽부터 내리던 비가 그칠 줄을 몰랐다. 그래서인지 조카의 기분이 정말로 우울해 보였다. 정오가 되도록 꿈쩍도 하지 않는 조카가 걱정되어 소풍은 어떻게 됐냐고 물으니 조카는 이렇게 대답했다.

Our picnic got rained out.

오랜만에 온가족이 나들이를 가기로 한 날이다. 아침에 일어나자마자 창문을 열어 보니, 하늘은 파랗고 바람은 산들산들 불고 기온도 아주 적당한, 그야말로 환상적인 날씨였다. 비가 오면 어떡하나 불안했던 나는 기쁜 마음에 절로 이렇게 소리치며 환호성을 올렸다.

It's a lovely day for an outing.

= It's a perfect day for an outing.

027

028

직장 동료 한 명이 보름 동안 미국 출장을 갔다. 외국인 회사라서 그런지 해외 출장이 잦은 편이다. 어느 날, 그 친구를 찾는 전화가 걸려 왔다. 다른 나라의 바이어라고 소개하는 그 외국인에게 나는 유창한 영어 솜씨로 인사한 뒤 이렇게 덧붙였다.

He is on a business trip now.

= He is out of town.

보름 동안 미국으로 출장을 다녀왔다. 정말로 힘든 시간이었다. 하루에 거의 3시간밖에 못 잔 데다, 여기저기 경유하는 비행기를 타는 바람에 17시간이나 비행기에 앉아 있었더니 그야말로 죽을 맛이었다. 도착하자마자 보고서를 제출하기 위해 회사에 갔더니 동료가 잘 다녀왔냐고 묻는다. 기진맥진한 나는 이렇게 대답했다.

029

I am tired from a business trip.

030

옛날 어렸을 적, 친구와 뒷동산에서 연을 날리던 기억이 난다. 학교에서 미술 시간에 만든 연을 들고 뒷동산에 올라 바람이 불기를 기다리던 기억. 늘 잘 불던 바람이 왜 연을 날릴 때면 그렇게 안 불던지……. 바람을 기다리며 앉아 있다가 깜빡 졸던 나를 흔들며 친구는 이렇게 말했다.

The wind is rising.
↔ The wind is dying.
= The wind has quieted down.
= The wind is calming down.

서울에서 조금만 벗어나면 정말 많은 별들을 볼 수 있다. 그래서 여자친구에게 유성을 보여 주기 위해 차를 끌고 강촌에 갔다. 도착하자마자 우리는 차에서 내려 하늘을 올려다보았다. 순간, 저쪽 하늘에서 유성이 떨어지는 것이 아닌가! 그런데 여자친구는 못 봤다고 한다. 그래서 나는 그녀에게 이렇게 당부하며, 함께 하늘을 올려다보았다.

031

032

다시는 외박하지 않겠다고 부모님께 맹세했는데, 오랜만에 만난 동창 녀석들과 한 잔하느라 그만 연락도 않고 외박을 해 버렸다. 집에 들어가면 분명 난리가 날 테지만, 방법이 없지 않은가. 그래서 일단 눈 딱 감고 들어가서 부모님 앞에 무릎을 꿇고 머리를 조아리며, 이렇게 말했다.

Keep your eyes open for falling stars.

Let me slide this time.
= Can you give me a break this time?

친구와 유럽 배낭여행을 갔다. 이탈리아를 여행중이었는데, 뭘 잘못 먹었는지 갑자기 화장실에 가고 싶었다. 하필 도둑이 많다는 이탈리아에서 배탈이 나다니……. 할 수 없이 나는 친구에게 내 짐을 가리키며 이렇게 말한 뒤 화장실로 달려갔다.

Can you keep an eye on my bags?

= Would you mind keeping an eye on my bags?

033

034

여자친구와 데이트를 하는데 갑자기 방귀가 나오려고 한다. 그래서 난 머리를 썼다. 큰소리로 "사랑해"라고 말하면서 방귀를 뀌면 여자친구가 내 목소리 때문에 방귀 소리를 못 들을 것이라고 생각한 것이다. 그래서 난 큰소리로 "사랑해"라고 말하면서 방귀를 뿡~~뀌었다. 그런데 여자친구 왈, "다시 말해 봐. 방귀 소리 때문에 못 들었어." 한 마디로 난 이런 심정이었다.

I want to dig a hole in the ground and disappear.

생각지도 못한 아주 어려운 일에 부딪히게 되었다. 나 혼자 아무리 고민해 봐도 뾰족한 해결책이 나오지 않았다. 그래서 생각 끝에 항상 학생들의 문제에 관심이 많으시고 조언을 아끼지 않으시는 교수님을 찾아가 뵈었다. 그리고 솔직하게 이렇게 부탁을 드렸다.

Give me some feedback, please.
= Please put in a good word for me.

교수님의 조언을 잘 들었다면 이렇게 감사의 인사를 하는 것이 예의다.
"I appreciate your advice."

시험 기간. 평소에 공부에 공 자도 모르던 친구가 찾아와 다짜고짜 족보를 내놓으란다. 골탕 좀 먹어보라는 생각에 이런 저런 핑계를 대며 줄 수 없다고 하니까 이 녀석이 한 술 더 뜬다. 족보를 넘기지 않으면 재미없을 거라는 둥, 본 척도 안 할 거라는 둥, 복잡한 여자 관계를 불어 버릴 거라는 둥 온갖 협박을 해대는 것이다. 어이가 없어서 녀석의 머리를 치며 이렇게 말했다.

Are you threatening me now?

잘 나가는 동창이 우리 회사에 하청을 주고 있다. 그 친구에게 늘 감사한 마음뿐이었다. 그런데 갑자기 더 이상 거래를 하지 않겠다는 통보가 왔다. 그 친구에게 전화를 걸어 무슨 일이냐고 물으니, 더 좋은 조건이 있어서 그만 거래를 끊어야겠다는 것이 아닌가! 너무 화가 난 나는 전화에 대고 이렇게 따져 물었다.

037

038

How could you betray me?

같은 의미의 다른 표현들도 알아두면 좋다.
"I'm back-stabbed by her."
"She betrayed me."

또 이렇게도 쓴다.
"I think I have got double - crossed."

계약이 끝난 상태에서 똑같은 계약을 다른 사람과 또 하는, 일종의 이중 계약 상태를 말한다. 한 마디로 사기 행위!

여름만 되면 더 심해지는 고질적인 병이 하나 있다. 발에 땀이 조금만 차도 가렵고 진물이 나고 허물이 벗겨지고 냄새도 난다. 일 년 내내 그렇지만 여름만 되면 정말 심해진다. 어느 무더운 여름 날, 발바닥이 너무 가려워서 어쩔 줄 몰라하며 긁고 있는데, 친구가 가까이 다가와 왜 그러냐고 묻는다. 그래서 이렇게 말했다.

I have athletes' foot.

이런 증상이 있는 사람이 관련 약을 사기 위해 약국에 갔다면, 약사에게 이렇게 말하면 된다.
"Have you got something for athlete's foot?"

나는 항상 허리가 꾸부정하다.
그래서인지 오래 앉아 있는 게
많이 불편하다. 이제는 허리에
통증까지 있다. 병원에 가서 진
찰을 받는데, 의사 선생님이 평
상시에 앉는 스타일로 앉아 보
라는 것이다. 그래서 난 평상시
대로 의자 끝 부분에 걸터앉았
는데, 의사 선생님이 알았다는
듯이 내 허리를 교정해 주며 이
렇게 말했다.

039

You should sit straight.

= You should sit with a
  straight back.

040

점심을 먹은 게 잘못된 것 같다.
통증이 점점 심해져서 하는 수
없이 근처 병원에 갔다. 의사 선
생님이 어디가 아파서 왔냐고
물으시길래 이렇게 말했다.

I feel a pain in my stomach.

통증이 참을 수 없이 심하거나 바늘로 찌르듯
이 아프다고 할 때는 이렇게도 표현한다.

"I can hardly stand the pain.
I have a sharp pain in my
stomach."

머리가 정말 깨질 듯이 아프다. 이제 곧 시험 기간이라 공부를 해야 하는데, 이렇게 머리가 아파서는 아무것도 못할 것 같다. 약이라도 먹어서 통증을 좀 없애야 공부를 할 수 있을 것 같아, 엄마 앞에서 괴로운 듯 머리를 움켜잡으며 이렇게 말했다.

041

Do you have a painkiller?

= Give me some pain reliever.

042

바쁜 일 때문에 점심을 물에 말아 급하게 먹었더니, 배에서 난리가 났다. 심지어 열도 나고, 울렁거리기도 해서 아픈 배를 움켜잡고 약국에 갔다. 그리고 약사에게 점심을 잘못 먹은 것 같다며 이렇게 말했다.

Do you have some medication for digestion?

= I'd like some medicine for indigestion.

식사를 한 뒤 속이 별로 좋지 않을 때 이런 표현도 쓸 수 있다.
"I just have indigestion. This indigestion is killing me"

단, "My stomach is killing me"는 배가 정말로 아플 때뿐 아니라, 너무 웃겨 배가 아플 때도 사용할 수 있다.

동창 녀석들과 오랜만에 술을 마셨는데, 갑자기 배가 아파 왔다. 기름진 안주와 독한 술을 마셨더니 체한 것 같았다. 가슴에 뭔가가 꽉 들어찬 것 같고, 속도 미식거리고 답답했다. 하얗게 질린 얼굴로 식은땀까지 흘리고 있으니, 옆에 앉은 친구가 걱정스러운 표정으로 괜찮냐고 묻는다. 그래서 난 헛구역질을 하며 이렇게 말했다.

043

I feel like throwing up.
= I want to puke.

044

앞차가 갑자기 급정거를 하는 바람에 그만 앞차의 뒤를 박고 말았다. 그리고 내 뒤의 차도 내 차 뒤를 꿍! 정말로 재수 없는 날이다. 그렇게 큰 사고는 아니었지만 돈이 만만치 않게 깨질 것이 분명했다. 내가 심통난 표정으로 약속 장소에 도착하니, 친구들이 왜 그러냐고 묻는다. 그래서 나는 좀 전에 겪은 교통사고를 이렇게 설명했다.

I had a three-car rear-end collision.

결혼한 지 5년 된 친구를 만났다. 처음에는 깨가 쏟아져 하루하루가 즐거웠었는데, 요즘은 사소한 일로 자주 싸우고 와이프를 봐도 별 감정이 안 생긴다는 친구! 예전에는 와이프가 세상에서 제일 사랑스러웠는데, 요즘에는 얼굴만 봐도 한숨이 나온다는 그 친구는 고개를 떨군 채 이렇게 말했다.

I think I have the 7-year-itch.

045

046

내 여자친구는 상당히 이기적이다. 상의도 안 하고 혼자서 약속 시간과 장소를 정하는 것은 기본이고, 모든 일이 자기 뜻대로 되지 않으면 짜증부터 낸다. 그래도 사랑하는 사람이라 참고 따라주었지만, 이제는 더 이상 참을 수가 없다. 그래서 이번에도 변함 없이 멋대로 약속 시간과 장소를 정하는 여자친구에게 충고의 말투로 이렇게 말했다.

Will you do everything as you wish now?

저녁 시간, 동생들이 뭘 하고 있는지 궁금해 방에 가보았다. 그런데 방 분위기가 장난이 아니었다. 둘이 막 흘겨보고 씩씩대고 있는 것이 아닌가! 순간, 또 무슨 일이 있었구나라는 생각이 들었다. 그래서 난 지겹다는 듯한 말투로 이렇게 물어보았다.

What is this all about?

047

048

어느 날 갑자기 여자친구가 황당한 소리를 했다. 내가 자기를 좋아하지 않는다고, 자신을 물주로 생각해 만나는 거라고, 자기를 한 번도 보고싶어 하지 않았다는 것이다. 게다가 내가 자기를 사귄 것은 자신의 집이 부자이기 때문이라는 것이 아닌가! 한 마디로 어이가 없었다. 머리 꼭대기까지 화가 난 나는 여자친구에게 버럭 소리를 지르며 이렇게 말했다.

That is how you thought of me?

한 친구가 나에게 무슨 말을 하고 싶은데 못하는 눈치다. 그리고 말을 할 때도 자신의 속마음을 다 얘기하고 있는 것 같지 않았다. 그래서 난 그 친구에게 따뜻한 눈빛을 보내며 무엇이든지 다 수용할 수 있다는 표정으로 이렇게 말했다.

Say everything on your mind.

049

050

월요일마다 있는 팀 회의 시간. 부장님이 의견을 내니까 맞은편에 앉아 있던 박 과장님이 그에 대한 반대 의견을 제시했다. 나는 김 부장님과 박 과장님의 의견을 충분히 들은 뒤, 내 의견을 얘기해야겠다는 생각에 이렇게 말하면서 발언을 시작했다.

I'll say something too, then.

지각을 숨쉬듯이 하는 한 친구
가 오늘도 역시나 지각을 했다.
교수님이 오늘은 왜 늦었냐고
물으니까, 오는 길에 차 사고가
났다는 둥 북한이 쳐들어 왔다
는 둥 횡설수설하는 친구. 그러
자 교수님은 그 친구의 머리를
지휘봉으로 한 대 탁 치시며 이
렇게 말씀하셨다.

Don't make up a story about it.

051

052

친구가 사고를 쳤다. 그런데 그
현장을 내가 목격했다. 형사가
경찰서로 나를 부르더니 증언을
하라고 했다. 하지만 친구와의
우정 때문에 아무런 말도 할 수
없었다. 그러자 형사는 탁자를
탁 내리치며 이렇게 말했다.

Are you going to cover up his crime?

= Are you going to keep his crime secret?

어제 밤새도록 밀린 잡무를 처리했다. 그래서인지 피곤해 죽을 지경이다. 눈은 빨갛게 충혈되고, 얼굴도 까실하다. 친구가 이런 나를 보더니만 왜 그렇게 졸린 얼굴이냐고 묻는다. 그래서 난 눈을 반쯤 감은 채 하품을 하며 이렇게 말했다.

I didn't sleep a wink last night.

053

054

오랜만에 친구가 놀러왔는데, 완전히 산적 그 자체였다. 왜 그렇게 수염을 길렀냐고 하니까 바빠서 깎을 시간이 없었단다. 너무 한심해서 욕실에 면도기가 있으니 당장 깎고 나오라고 했다. 잠시 뒤 욕실에서 나오는 녀석의 얼굴에서 피가 뚝뚝 떨어지고 있는 것이 아닌가! 무슨 일이냐고 묻는 나에게 친구는 대수롭지 않다는 듯 피 묻은 면도기를 보여 주며 이렇게 말했다.

I cut my face while shaving.

동생이 성적표를 보면서 싱글벙글 환하게 웃고 있다. 그래서 동생에게 뭐가 그렇게 좋으냐고 물으니, 성적이 별로 좋지 않았던 지난 성적표와 이번 성적표를 보여 주면서 밝은 얼굴로 이렇게 말했다.

My grades went up.

↔ My grades went down.

055

056

하루 종일 칭얼대고 떼를 쓰는 조카 때문에 식구들의 인내에 한계가 오고 있었다. 누나가 아무리 어루고 달래도 그 고집을 꺾을 수가 없었다. 참다 못한 누나는 이렇게 말하며 회초리를 들고 왔다.

You incur whipping.

= You invite whipping.

늦은 저녁, 식구들이 거실에서 TV를 보고 있는데 아버지가 하품을 하셨다. 그러자 옆에 있던 엄마도 하품을 하시는 것이 아닌가. 그리고 잠시 뒤, 누나와 내가 동시에 하품을 했다. 나는 웃으면서 이렇게 말했다.

Yarning is catching.

057

058

회의 시간. 환경 문제에 대해서 토론하고 있는데, 팽팽한 의견 대립 때문에 뾰족한 결론을 못 내리고 있었다. 환경 문제뿐 아니라 다섯 가지나 되는 다른 안건들도 처리해야 했기 때문에 시간적 여유가 별로 없었다. 그러자 팀장은 시간이 별로 없다며 이렇게 제안했다.

Let's bring this matter to a conclusion.

학점을 유독 짜게 주는 교수님이 한 분 계신다. 죽도록 열심히 해야 간신히 B학점을 받을 수 있을 정도이니, 스트레스가 이만저만이 아니다. 하루는 한 후배가 다음 학기에 그 교수님 수업을 듣게 되었다면서, 학점을 잘 주시는 편이냐고 물었다. 그래서 나는 조용한 목소리로 이렇게 충고해 주었다.

He is a hard marker.

059

060

오후 내내 방에서 한 발짝도 나가지 않았는데, 거실에 잠깐 놓아둔 초콜릿을 내가 먹었다고 동생이 노발대발이다. 방에서 한 발짝도 나간 적이 없다고 말해도 전혀 듣지 않고 초콜릿을 물어내라고 난리치는 동생. 너무나 억울한 나는 동생에게 이렇게 소리를 질렀다.

Don't slander me.
= You got the wrong man.

토플 시험 날. 앞에 앉은 친구가
토플 시험은 처음이라 무척 떨
린다고 한다. 점수가 잘 안 나오
면 무슨 망신이냐며 여간 걱정
하는 것이 아니다. 그래서 요즘
토플 시험은 많이 쉬워졌다는
둥 맨 처음 시험은 다 경험을 쌓
기 위해 보는 것이라는 둥 위로
의 말을 해주었다. 이 말을 들은
친구는 안심한 표정으로 이렇게
말했다.

061

062

용변을 보기 위해 화장실에 갔
더니 자리가 거의 다 차 있었다.
그런데 하나가 비어 있는 것 같
아 문을 열어보니, 좌변기가 신
문지로 푹 덮여 있고 그 위에 이
런 글씨가 써 있었다.

That's a relief to hear.

Not in use.

여자친구와 길을 가는데 술 취
한 사람이 맞은편에서 걸어오고
있었다. 그런가 보다 했는데, 갑
자기 우리를 보며 그림 좋다는
둥 예쁜 아가씨 나랑 놀자는 둥
시비를 거는 것이 아닌가. 정도
가 지나쳐 그 사람의 멱살을 잡
으니까 여자친구가 내 손을 잡
으며 이렇게 만류했다.

You'd better chill out.
= You need to back off.
= You'd better cool down.
= You'd better stay cool.

063

064

강의실에서 교수님을 기다리고
있는데 갑자기 과대표가 앞에
나가더니만, 오늘 가정교육과와
미팅이 있다고 했다. 이 소리에
남자들은 탁자를 치고 괴성을
지르고 껑충껑충 뛰고, 그야말
로 난리법석이었다. 그런데 그
순간 교수님이 들어오셔서 이
광경을 보고는 탁자를 내리치며
이렇게 소리치셨다.

What is all this commotion?

우리 누나는 아이가 품 안에서 잠들면 늘 아이를 침대에 눕히고 이불을 덮어 준다. 그리고 가볍게 키스한 뒤 이렇게 말하며 불을 끄고 누나 방으로 간다.

Sleep tight!

– Sleep well!

= Sleep soundly!

친구가 오랜만에 놀러왔다. 이런 저런 얘기를 하다가, 우리집 근처에 있는 경치 좋은 호수에 대해서 말하자 친구가 한 번 가 보고 싶다고 했다. 대문을 나서자 그 친구는 차에 시동을 걸었다. 아마 조금 멀다고 생각한 모양이다. 그래서 나는 차를 타고 갈 거리는 아니라고 말하면서 이렇게 덧붙였다.

It is within walking distance of my house.

친구와 힘차게 도보여행을 시
작했다. 그런데 나는 두 시간도
채 못 가서 지쳐 버렸다. 평소
운동이 부족했던 게 표가 나는
셈이었다. 하지만 친구는 전혀
지친 기색이 없었다. 그래서 난
친구에게 이렇게 말하면서 탄
복했다.

You are a good walker.

Cf.
"You are a good runner."
"You are a good cook."
"You are a good swimmer."
"He is a good son."

067

068

인기 TV드라마를 보기 위해 일
찍 집에 들어갔다. 김두환이 드
디어 왕발을 만난 것이다. 실력
이 한참 떨어지는 왕발이 김두
환을 때려 눕히겠다고 폼을 잡
으니까, 김두환은 가소롭다는
듯 이렇게 말했다.

You are no match for me.

나를 잘 따르는 여자 후배가 한 명 있다. 남들은 그녀를 보고 귀엽다고 하지만, 나는 전혀 그렇게 생각하지 않는다. 심지어 그녀가 오버하고 있다는 느낌마저 들 정도다. 그런데 문제는 그 후배가 나를 좋아한다는 점이다. 하루는 동기 녀석이 그 후배와 내가 잘 어울린다며 잘해 보라는 것이 아닌가. 그래서 나는 한마디로 이렇게 잘라 말했다.

069

She is not my type.

070

친구들과 노래방에 갔다. 차례로 노래를 부르는데, 갑자기 음정 박자가 완전히 무시된 노랫소리가 들리기 시작했다. 어떡하면 저렇게 노래를 못할 수 있을까라는 생각이 들 정도였다. 누가 부르나 봤더니, 노래방을 무지하게 싫어한다는 녀석이었다. 내가 한심한 표정을 짓고 앉아 있으니까, 옆에 있던 친구가 귓속말로 아마 몰랐을 거라며 이렇게 말하는 것이다.

He is tone-deaf.

나는 조용한 발라드를 참 좋아하는데, 특히 70년대의 통기타 음악을 즐겨 듣는다. 동생은 나와 반대로 랩과 힙합 마니아다. 그래서 가끔 동생이 정말 좋은 신곡이라며 노래를 들려주고 느낌이 어떠냐고 물으면 나는 이렇게 대답한다.

This music is not to my taste.

071

072

하나 있는 여동생이 정말 장난이 아니다. 백화점을 너무 좋아하는 데다, 한 번 쇼핑했다 하면 평균 100만 원은 쓰고 올 정도로 심각한 쇼핑 중독증 환자다. 명품이 아니면 상대를 안 하고 일 주일에 세 번 이상 쇼핑을 안 하면 병이 생긴다는 여동생을 한 마디로 표현하면 이렇다.

She is a big spender.

여자친구와 길을 걷고 있는데, 정말 모델같이 예쁜 여자들이 우리 옆을 지나가는 것이 아닌가. 나는 자연스럽게 쭉쭉빵빵한 그녀들을 바라보느라 고개를 홱 돌렸고, 이런 나의 모습을 본 여자친구는 내 귀를 잡아당겼다. 그러고는 화난 목소리로 이렇게 말했다.

Don't make eyes at other girls.

073

074

엄마와 동생이 논쟁을 벌이고 있다. 동생은 용돈을 올려 달라는 것이고, 엄마는 그럴 수 없다는 것이다. 동생이 나보고 자기 좀 도와달라고 하자, 엄마도 나보고 자기편이 되어 달라고 한다. 동생 편을 들자니 엄마가 울겠고 엄마 편을 들자니 동생이 울겠고…… 생각 끝에 나는 이렇게 중립선언을 했다.

I'm not taking sides.

강의실 뒷문으로 들어가 앞쪽에 자리가 있는 것을 확인하고 앞쪽으로 가려고 하니까, 어느 한 학생의 책상이 통로를 막고 있어 갈 수 없었다. 그래서 난 그 학생에게 정중하게 이렇게 부탁했다.

Would you move your seat a little?

075

076

어느 날, 시집 간 누나가 놀러왔는데 예전에 비해 살이 많이 찐 것 같았다. 특히 배 살이 장난이 아니었다. 그래서 나는 요즘 매형이 잘해 주나 봐, 엄청나게 살 쪘네라며 놀렸다. 그러자 옆에 있던 엄마가 내 뒤통수를 치며 이렇게 말씀하셨다.

She is expecting.
= She is pregnant.

거래처 김 대리와 저녁 약속이 있는 날이다. 박 차장님께 김 대리 만나서 저녁 먹고 바로 퇴근하겠다고 했더니, 술도 마실 거냐고 묻는다. 그래서 아마 그렇게 될 거라고 했더니, 이렇게 말하며 절대 술대작을 할 생각은 말라고 충고해 주었다.

He drinks like a fish.

077

078

내가 좋아하는 농구팀의 경기. 결승전이라 그런지 경기장이 만원이었다. 경기는 역시 결승전답게 팽팽했다. 앞서거니 뒤서거니 하면서 전개되는 경기가 눈을 뗄 수 없게 만들었다. 오랜만에 보는 명승부였다. 다음날, 친구가 어제 농구 경기는 어땠냐고 묻길래, 나는 이렇게 대답했다.

It was a close game.
= It was an evenly-balanced game.

내 방에 있는 컴퓨터가 갑자기 말을 안 듣는다. 오전까지는 괜찮았는데……. 엄마에게 물어봤더니 동생이 내 방에 들어갔다 나와서는 약속이 있다며 다급히 외출했다는 것이다. 그래서 동생이 오기를 기다렸다가 오늘 내 컴퓨터를 만졌냐고 물으니, 방에 들어간 적도 없다는 것이 아닌가. 난 동생의 뒤통수를 한 대 탁 치며 이렇게 다그쳤다.

Don't play innocent with me.

079

080

오랜만에 첩보 영화를 봤다. 영화 주인공인 형사가 용의자를 잡아 심문하는 장면이 압권이었다. 형사의 카리스마가 절정을 이루는 부분이기도 했다. 용의자를 심문하던 형사는 용의자가 자꾸 말을 바꿔 진술하자, 그 카리스마 가득한 눈을 부릅뜨며 이렇게 말했다.

Spit it out.

학과 동기 중에 왕따가 한 명 있다. 그 녀석은 무슨 말을 하든지 꼭 사람을 언짢게 하는 재주가 있다. 칭찬을 할 때도 뭔가 다른 뜻이 있는 것 같고, 옳은 소리를 할 때도 상당히 귀에 거슬린다. 그래서 우리는 그 녀석의 말버릇에 대해 이야기할 때마다 이렇게 말하곤 한다.

His words carry a sting.

081

082

추위가 아직 남아 있는 어느 날, 강남 갔던 제비가 돌아와 우리 집 처마 밑에 둥지를 튼 모습이 눈에 들어왔다. 제비는 봄을 알리는 전령사라고 하지 않았던가. 둥지를 튼 제비를 본 엄마가 이렇게 말씀하셨다.

Spring has come.

매형이 술 한 잔 하자며 찾아왔다. 포장마차에서 마주앉은 매형 왈, 요즘 누나의 잔소리가 보통 심한 게 아니란다. 남들은 벌써 집을 샀다는 둥, 도대체 승진은 언제 하냐는 둥, 누구랑 술 먹고 늦었냐는 둥 쉴새없이 자신을 귀찮게 한단다. 요즘 와이프에게 가장 자주 하는 말이 이 말이라며 괴로워하는 매형을 보니, 결혼이라는 게 다 좋은 건 아니구나라는 생각이 들었다.

083

Don't henpecking me.

084

아끼는 후배가 한 명 있는데, 안타깝게도 그 후배에게는 안 좋은 습관이 하나 있다. 바로 다른 사람에 대해 이렇다 저렇다 말이 많다는 점이다. 특히 다른 사람의 단점이나 실수에 대해 말하는 것을 즐기는 편이라 걱정이다. 어느 날, 그 후배가 찾아와서는 또 다른 후배의 단점에 대해 신나게 얘기하려고 하길래, 나는 그에게 이렇게 충고를 시작했다.

Don't find fault with others.

가끔 친구들끼리 구리로 금을 만든다는 둥, 시간을 되돌릴 수 있다는 둥, 죽지 않을 수 있다 둥 말도 안 되는 얘기를 하면서 깔깔거린다. 그런데 친구 중 이런 농담을 전혀 이해하지 못하는 녀석이 한 명 있다. 그 친구는 뭐든지 교과서나 사전에 나오는 정답만 믿는다. 그래서 우리가 이런 농담을 하면 그 친구는 정색을 하며 이렇게 말한다.

085

It doesn't make any sense.

086

모범적인 선배 부부가 한 쌍 있다. 어디를 가든 항상 손을 꼭 잡고 다니고, 일상 생활에서 대화를 많이 해 서로를 충분히 이해하며, 서로 존중하는 마음이 가득한 부부. 그래서 후배들이 참 많이 부러워한다. 우리는 늘 다정한 그 선배 부부를 이렇게 표현한다.

They are a pair of lovebirds.

경기가 안 좋아지면서 회사에 감원 열풍이 불었다. 그런데 불행하게도 내가 그 대상에 포함되었다. 회사를 그만두고 다른 곳을 알아봤지만, 쉽지가 않았다. 그러던 어느 날, 친구가 쇼핑이나 가자며 전화를 해왔다. 쇼핑을 무척 좋아하는지라 유혹을 뿌리치기 힘들었지만, 나는 친구에게 이렇게 말하며 당분간 쇼핑은 할 수 없다고 했다.

087

I have to cut down on expenses.

088

친구 중에 다른 사람한테 돈을 빌리면 절대 갚지 않는 녀석이 한 명 있다. 나는 한 번도 당하진 않았지만, 친구들이 하도 주의를 줘서 조심하기로 마음먹고 있었다. 그러던 어느 날, 그 친구가 정말 나에게 돈을 빌려 달라며 찾아왔다. 그래서 나는 빈 주머니와 지갑을 보여 주며 이렇게 말했다.

I'm broke.
→ I'm flat broke.

시험 시간. 50분 시험인데 3분 정도밖에 남지 않았다. 시계를 보고 있던 교수님은 이렇게 말씀하시면서 답안지를 마무리하라고 했다.

Time is running out.
= The time is almost up.

089

090

내 동생은 아침에 절대 일찍 못 일어난다. 시험 기간에도 이 버릇은 쉽게 고쳐지지 않아 문제다. 그래서 시험 기간만 되면, 아침마다 동생 자취방에 전화를 꼭 해야 한다. 이런 나의 모습을 지켜본 친구가 왜 그렇게 열심히 동생에게 전화를 하냐고 묻길래 이렇게 말하며, 내가 전화하지 않으면 시험조차 못 볼 거라고 했다.

He is a sleepyhead.
= He is a late riser.

70세가 되어 가시는 우리 할아버지는 아직까지도 멋쟁이이시다. 의상뿐 아니라 헬스클럽에서도 꼭 젊은이들처럼 무거운 바벨을 드신다. 그런데 연세에 비해 너무 무리한 운동을 하셔서 그만 병이 나셨다. 입원해 있는 할아버지를 문병 온 친구 분들이 할아버지에게 이렇게 말씀하시며, 앞으로는 절대 무리하지 말라고 했다.

091

You are young at heart.

092

오늘은 내가 승진 턱을 내는 날. 단골 술집에서 친구들과 즐거운 시간을 보낸 뒤 계산하려고 카운터로 갔는데, 이런! 지갑이 없는 것이 아닌가. 옷을 갈아입으면서 깜빡 잊고 안 챙긴 것이다. 다행히 단골 술집이어서 나는 손가락에 침을 묻혀 허공에 쭉 그어 보인 뒤 이렇게 말했다.

Put it on my tab.

아침 출근 시간, 옆집 사람이 차 옆에서 발을 동동 구르며 서 있었다. 왜 그러냐고 물으니 잠겨진 차안에 있는 열쇠를 가리키며 이렇게 말했다.

I locked myself out.

아르바이트를 하는 고깃집. 그런데 손님 한 분이 자꾸 계산을 안 하고 달아 놓으라고만 한다. 술도 많이 취하고 인상도 별로 안 좋아. 절대 그럴 수 없으니 돈이 없으면 경찰서에 가자고 했다. 그때 사장님이 들어오셔서 무슨 일이냐고 물으시길래, 자초지종을 얘기했더니 오히려 손님에게 사과하는 것이 아닌가. 그리고 나에게 이렇게 말했다.

He is a regular customer here.

여자친구와의 데이트. 오랜만의 데이트라 여기저기 돌아다니는데 갑자기 여자친구가 절뚝거리기 시작했다. 그래서 왜 그러냐고, 어디 아프냐고 물으니 새 신발을 신고 나와서 발뒤꿈치가 까졌다고 한다. 그 말을 들은 나는 안쓰러운 표정으로 이렇게 충고했다.

You need to break in your new shoes.

095

096

친구들과 술을 마시고 있었다. 분위기가 무르익어 가는데 벌써 파장 분위기다. 집에 숨겨 놓은 보물단지라도 있는지, 다들 가겠다고 일어서는 것이 아닌가. 나는 이대로 헤어지는 것이 너무나 아쉬웠다. 얼마만에 만나는 건데. 그래서 나는 간다고 일어서는 친구들에게 오랜만에 신나게 놀 만한 곳을 알고 있다며 이렇게 말했다.

Let's go for another round.

= Let's go for second.

선배 중에 엄청나게 밥맛인 사람이 한 명 있다. 선배라고 하면 보통 후배들에게 맛있는 것도 사주고 가끔 술도 한 잔 사줘야 하는데, 그 선배는 반대로 후배들에게 담배를 얻어 피우는 것은 기본사양이고 옵션으로 밥과 술도 얻어먹는다. 그리고 한 후배의 집에서 기생하면서 생활비는 일 원도 내놓지 않는 것으로 유명하다. 우리는 이런 인간형을 두고 이렇게 말한다.

097

098

어제 이사를 했다. 평소에 운동은 절대로 안 하고 항상 도서관에서 열심히(?) 공부만 하던 내가 하루종일 장농이랑 지펠 냉장고랑 침대랑……. 아침에 일어나니 온몸이 장난이 아니었다. 아픈 곳보다는 안 아픈 곳을 세는 것이 더 빠를 정도였다. 엄마가 이런 나를 보고는 왜 그러냐고 하시길래, 나는 몸을 겨우겨우 움직이며 이렇게 말했다.

He is a leech.

I ache all over.

Cf.
I have a stomachache.
= I have a pain in my stomach.
I have a headache.
= I have a pain in my head.
I have a backache.
= I have a pain in my back.
I have a earache.
= I have a pain in my ear.

주의해야 할 것은 신체 어느 부위의 통증을 나타내는 말에는 이렇게 a를 붙여야 한다는 점이다. 통증을 셀 수 있냐고? ^^ 글쎄, 문법이라는 것이 원래 그렇게 허접한 거니까…….

길을 걸어가고 있는데 앞에 지갑이 떨어져 있는 것이 보였다. 그래서 지갑을 집어들어 살펴보고 있는데, 갑자기 뒤에서 누군가가 내 멱살을 잡더니 소매치기를 잡았다고 난리치는 것이 아닌가! 지갑을 보고 주인을 찾아 주려고 한 죄밖에 없는데. 그래서 나는 소매치기를 잡았다고 고래고래 소리치는 아저씨의 손을 뿌리치며 이렇게 말했다.

099

You got the wrong man.

= You got me wrong.

100

시험 기간이건만 절대로 공부를 안 하는 친구 녀석. 하도 걱정이 되어 학사경고 당하면 어떡하려고 그러냐니까, 걱정 붙들어매란다. 절대로 그럴 리 없다는 것이다. 그렇게 시험 기간이 지났고, 얼마 뒤 그 친구는 걱정했던 대로 학고(학사경고)를 당했다. 그래서 나는 그 녀석의 머리를 한 대 탁 치고 혀를 쯧쯧 찬 뒤 이렇게 말했다.

I saw this coming.

이용기의 IM English

351

3. 전자 문장 사전
Sendic

Sendic은 windows 98, 2000, ME, XP, NT 4.0 환경에서 사용할 수 있는 '전자 문장 사전' 프로그램으로, 개인 pc에 저장하여 오프라인 상에서도 모든 기능을 이용할 수 있습니다.

Sendic은 18개월 동안의 데이터 작업과 프로그래밍 과정을 거쳐 2002년 9월에 완성되었으며, 현재 특허 출원되어 법적으로 보호받고 있습니다.

'전자 문장 사전' Sendic은 기존의 영어 학습법, 즉 학습자가 궁금증이 생겨도 책에서 찾지 못하거나 영어를 사용하는 외국인에게 물어보지 않으면 그냥 넘어갈 수밖에 없었던 수동적 학습법에서 벗어나, 찾아보고 싶은 영어 표현을 그때그때 신속히 찾아 자신의 것으로 만드는 능동적 학습법을 적극적으로 실현하기 위해 제작된 영어 학습 프로그램입니다.

영어를 포함한 모든 언어는 학습 과정에서 생기는 궁금증을 그때그때 해소할 수 있을 때 비로소 최대의 학습 효과를 기대할 수 있습니다. 물론 외국어 학습 과정에서 생기는 의문들을 해결할 수 있는 가장 좋은 방법은 native speaker에게 물어보는 것입니다. 하지만 한글이라는 모국어를 가진 우리나라에서는 native speaker와 늘 함께 지내는 것이 거의 불가능합니다. 그렇다고 국제어가 되어 버린 영어를 포기할 수도 없는 노릇입니다. 하지만 이제 걱정하지 않으셔도 됩니다. 영어 학습자라면 누구나 원하던 '전자 문장 사전'이 Sendic이라는 이름으로 탄생했기 때문입니다.

Sendic의 가장 큰 장점은 학습자가 찾고자 하는 문장을 그때그때 찾아서 보고 익힐 수 있다는 것입니다. 43,000여 개의 해석이 있는 생활 영어 문장과 2,000여 개의 영화 · 드라마 대본으로 이루어진 최고의 데이터는 국내에서만 영어를 공부한 사람들이 가지는 단어와 표현 선택의 어색함을 극복할 수 있게 도와줍니다. 즉 Sendic에 담겨 있는 문장만 명확하게 이해하고 익혀 두면 영어를 사용하는 어떤 외국인과도 매우 자연스럽게 대화를 나눌 수 있다는 뜻입니다.

또 학습자가 검색한 단어나 숙어, 문장이 영미권 사람들 사이에서 정말 많이 사용되는지를 확인할 수 있는 기능도 포함되어 있어 보다 생생한 표현을 구사하는 데 도움이 됩니다. 특히 검색한 문장을 영화 · 드라마 대본에서 다시 찾아볼 수 있어 그 문장이 어떤 분위기에서 사용되는지를 직접 관찰할 수 있습니다. 이것은 우리가 지금까지 익힌 이미지 메이킹 학습법에 해당되는 것으로, 일반 회화뿐 아니라 광범위한 영어 학습 즉, 문법 · 어휘 · 독해 · 작문 학습에도 아주 큰 효과가 있다고 자신합니다.

'전자 문장 사전' Sendic은 www.sendic.net에서 무료로 다운받을 수 있습니다. 이 홈페이지에는 전자 문장 사전을 무료로 다운받을 수 있는 방뿐 아니라 이미지 메이킹 학습에 도움이 되는 학습 방법들 그리고 살아 있는 다양한 영어 문장들이 가득합니다. 또한 자유 게시판을 적극적으로 활용하면 홈페이지에서 접하지 못한 많은 것들을 얻을 수 있습니다.

순수 국내파가 전하는 획기적이면서도 성공적인 영어 학습법을 알고 싶다면 지금 바로 www.sendic.net을 클릭하십시오. 클릭한 순간부터 당신의 인생이 달라지기 시작합니다.

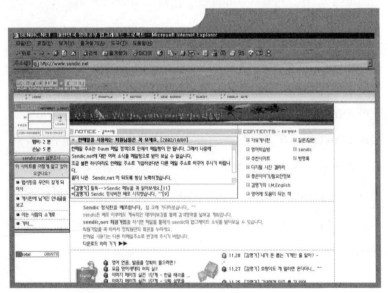

▶ 영화 · 드라마 대본 검색 – 일반 검색

'일반 검색'은 학습자가 검색하는 형식 그대로 검색되는 방식입니다.
검색창 오른쪽의 '일반 검색' 아이콘을 클릭하면 일반 검색 모드로 전
환됩니다. 예를 들어 일반 검색 모드로 'get to'를 검색하면 get to만 들
어간 문장들이 나옵니다.

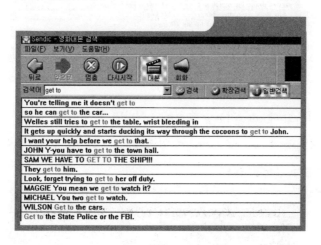

▶ 영화 · 드라마 검색 – 확장 검색

확장 검색은 학습자의 검색 결과를 좀더 광범위하게 해줍니다. 즉 'get
to'를 검색하면 get to와 get...to 등도 들어간 모든 문장이 검색됩니다.
　　검색어 입력은 'get', 'get to', 'get to the', 'get to the point' 등과
같이 학습자가 원하는 대로 할 수 있습니다.

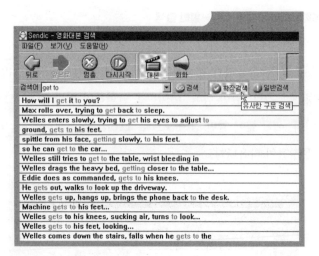

검색할 때 'or' 기능을 수행하고 싶다면 ',(콤마)'를 입력하면 됩니다. 예를 들어 〔get to, got to〕로 입력하면 get to나 got to가 들어간 문장이 모두 검색됩니다.

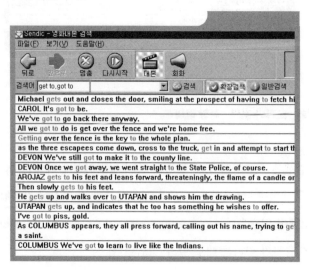

대본 검색은 한글 해석이 나오지 않아 한글로는 검색이 불가능하며, 만일 한글을 입력하면 자동으로 회화 검색란으로 넘어갑니다.

대본 검색에서는 창이 두 개로 나뉘어져 있는데, 검색을 하면 우선 위쪽 창에 검색된 문장이 나옵니다.

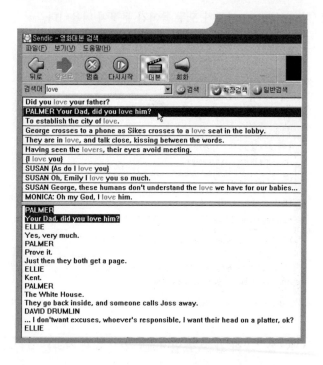

검색된 문장 중 원하는 문장을 마우스로 클릭하면 아래쪽 창에 그 문장이 들어간 대본을 찾을 수 있도록 정확한 문장 위치가 나옵니다.

▶ 주요 회화 검색 – 모두보기 모드

한글로 검색할 때 역시 보다 세부적인 검색이 가능합니다. 예를 들어 '나 학교 간' 이라고 입력하면 빈 공간은 and를 의미하는 것이어서, [나] [학교] [간] 세 어휘가 모두 들어간 문장이 나옵니다.

검색어를 '나 학 간' 으로 입력해도 같은 검색 결과를 갖습니다. 따라서 사용자가 어떻게 활용하고 재치 있게 응용하느냐에 따라 획기적인 검색 결과를 얻을 수 있습니다.

한글로 검색할 때에도 ',(콤마)'를 사용할 수 있습니다. 예를 들어 검색어를 '헤어졌,데이트,사귀' 라고 입력하면 이 세 어휘 중 하나라도 들어간 문장은 모두 검색되어 나타납니다.

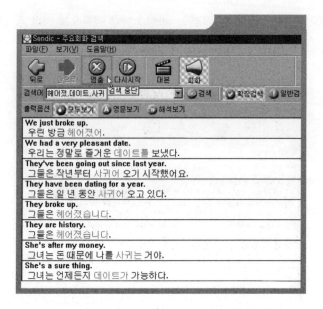

멈춤 버튼이 준비되어 있어 검색 중 충분하다고 생각되면 학습자가 검색을 임의로 중지할 수 있습니다. 그리고 오른쪽 상단 배너 옆에 검색 수가 표시되기 때문에 몇 개의 문장이 검색되었는지 실시간으로 확인할 수 있습니다.

▶ 주요 회화 검색 - 필기장 기능

검색된 문장에 대고 마우스의 오른쪽 버튼을 클릭하면 '필기장에 추가' 박스가 나옵니다. 필기장에 추가하게 되면 아래쪽 박스로 이동하게 됩니다. 이렇게 모은 필기장을 새이름으로 저장하면 다음에도 sendic에서 불러와 다시 볼 수 있습니다. '파일 〉 다른 이름으로 저장'을 선택하면 sendic디렉토리에 txt파일로 저장됩니다.

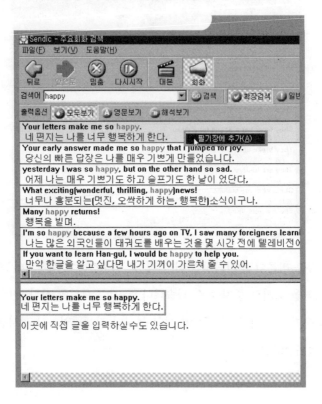

☑ 주요 회화 검색 – 영문보기 모드

주요 회화 검색에는 세 가지 보기 모드가 있습니다. '영문보기'를 선택하면 한글이 사라진 영어 문장만이 출력됩니다. 검색된 문장을 마우스로 클릭하면 그 문장에 대한 한글 해석이 나타납니다.

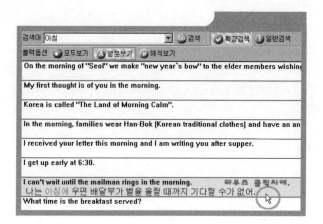

▶ 주요 회화 검색 – 해석보기 모드

해석보기 모드를 선택하면 반대로 한글 문장만이 나타나고, 그 가운데
선택된 문장만 영어 문장이 나타납니다.

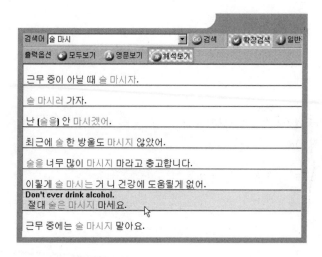

지금까지 이미지 메이킹 학습법을 통해 800여 개의 영어 문장을 익혔습니다. 처음부터 끝까지 이 책을 한 번 죽 본 지금, 자신의 이미지 메이킹이 어느 정도 수준인지 적어두세요.

책을 한 번 더 죽 보시고 다시 느낌을 적어두세요. 처음 봤을 때와 어떤 차이가 있는지, 이미지 메이킹 과정에서 어려운 점은 무엇인지도 상세히 적어두세요. 궁금한 점이나 의견은 www.sendic.net에 있는 자유게시판을 활용하시면 됩니다.

니들이 영어를 알아?

초판 1쇄 발행   2002년 12월 22일
초판 4쇄 발행   2007년 11월 3일

지은이   김명기
그린이   김재선
펴낸이   민내원
기획팀   이은희
마케팅   유현규
펴낸곳   도서출판 느낌표
            등록번호 제19-0171호(2002. 1. 29)
            주소 / 서울특별시 중구 인현동 2가 192-30 신성상가 716호
            전화 / 972-9834 팩스 / 972-9835
            e-mail / tofeel21@hanmail.net